Ishii Gakuryu
石井岳龍

映画創作と内的対話

JN225871

●弦書房

◉目次

表紙写真＝映画「水の中の八月」より

Ⅰ　映画は心の奥と対話する表現

映画と内的対話

映画監督の石井岳龍です。ご来場の皆さま、お暑い中、本当にありがとうございます。主催者の皆さま、呼んでいただいてありがとうございます。早速始めさせていただきますが、なかなか自分の考えを理路整然と話すのが苦手なタイプでして、それでまあ、映画とか創っているわけですけども。今日の、こういう講演会も初めての経験でして、どうなることか温かく最後まで見守っていただければありがたいです。どうぞ、お気軽に聞いてください。今日のお話は「映画創作と内的対話」ということについてです。

まず私が映画というものをどういうふうに考えているかということをいろいろお話しします。「映画」というのは映像による表現形態の一種。現在は、多種多様な、映画だけでなくて、いろんな映像作品、映像を使った表現があります。しかし映画が発明された時は、映画イコール映像でした。

現在の映画というのは、また、映像作品というのは非常に多様になっていまして、皆さまご存じのように、映画は劇場公開やTV放映されるだけではなくて、ネットで配信されるのももう当たり前になりました。それから映像作品と言えば、テレビドラマやCMやドキュメンタリーもありますし、今、産業的にものすごく伸びていって圧倒的に大きな力を持っているのがネット上で観られるいろんな種類の動画ですね。多様な用途のショートムービーやミュージックビデオや音楽のライブものもありますね。

そういうものがたくさんあるんですけども、私が今回言及するのは、劇場で公開される劇映画についてです。劇場で、大きなスクリーンに投影して、不特定多数の人が二時間前後一緒に鑑賞する形態で、体験的臨場感、没入感がすごく大きい。だから、創るのに何かと非常に手間がかかる形態ということですけども、それについて主にお話をいたします。

現在、映画表現というのは、シナリオの言語表現と映像表現、そして音響表現つまり音の表現ですね、この三つの掛け算でできあがっています。

昨今のデジタル技術の著しい発達により、映像表現と音響表現は進化し続けています。

しかし、映画が発明された時―一九世紀末、一八九五年に映画は発明されました―、その時はサイレント映画といって、セリフの発声がない無声映画でした。セリフ発声技術が発明されてからはトーキー映画と呼ばれましたが、ただし、このサイレント映画が創られていた時期に、実は、映画が持つ根源的な表現力が最も進化したのです。何故でしょうか?

映像表現は、単なる情報伝達だけにも非常に有効に使われます。人間の心とか感情とか意識とか精神とか、文字情報だけではなかなか伝わりづらいものを、体感的な臨場感で強く伝えることができます。そのように表現を練り上げられた映画は、絵画とか写真とか音楽とかダンス、そういった創作表現と同様に、文字や言葉を使った表現である言語表現に頼らなくても、映像だけの表現それ独自で、強く実感、体感させる表現力を持っています。

言語におけるコミュニケーション、それは人が日常を生きて行く上でどうしても必要なコミュニケーションとして、それぞれの民族や地方ごとに多種多様に違うものですが、映像はその分断された言語と全く違って、万人共通に見れば解る、いわば世界共通言語として、世界共通意識につながる表現力を持っています。

もともと表現というのは、表現者と受け手の心と心の対話です。「映像」は、世界分割言語である「言葉」や「文字」とは正反対の性質を持つ表現言語なのです。

そういう面を持っているので、私は映画が好きなんです、あるいは表現が好きなんです。これを説明しますと、創る人とそれを観る人は、直接の会話はせずに、創り手は作品に作者の狙いやテーマを込めて、観る人はその作品を受けて、その狙いやテーマを感じるという「心と心の対話」なんですね。直接の対話じゃないので、これを私は「内的対話」って呼んでいますが、お分かりいただけますでしょうか。

この重要性について、話を進めていきます。

私が長い間関わってきた映画表現というのは、この「内的対話」の力がものすごく強いんです。

それで、私はこの「内的対話力」の強い映画表現を娯楽として楽しんでもらいたいので、映画を娯楽として創っています。それと同等に、なぜ映画表現が好きで、なぜ映画表現をずっと志して絶対に諦めずに創り続けているかというと、「ある大切なこと」を映画表現として残さなければ、あるいは残らなければ、それは決してこの世界には存在し得ないもの、それに対する愛情の具現化としても、強く意識をして映画表現を行ってきました。

映像表現と音響表現を重視した内的対話力の強い「ものがたり」の体験、臨場体験で、私、私たちのチーム、その共同作業の結集が生み出す映画による「ものがたり」創作に関わった一人一人が、また、それを実際にお客さんがその映画を体感して心が揺れ動く時、その時に生まれ出るかもしれない心の共振といいますか、心が震え合って通じ合ったものから生み出されるエネルギーの行方といいますか、そういうものに大変興味があるということを、これは最近になってからなんですけども、考えるようになりました。

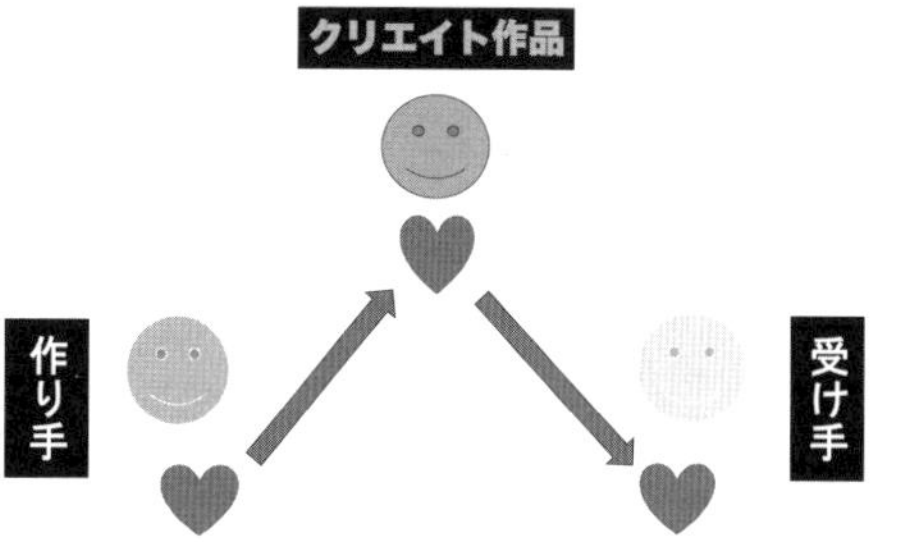

心と心の内的対話

なんで自分はこんなに懲りずに、創った作品がたとえ商業的に大成功しなくても、娯楽として創っているのに観た方々に必ずしも楽しんで貰えなかったりしても、何故、懲りることなく映画を創っているのだろうか、創りたいんだろうかと、振り返って考えるようになりました。本当に長い間、映画創作に没頭し続けていますので。

映画はなぜ必要だったのか

映画が何故生まれたのかということと、私がお話をしたい映画の「内的対話力」は、非常に関係が深いと思いますので、映画誕生の過程、そしてその誕生時代に映画が持っていた映画表現の「根源力」というべきもの、まず、それをざっくりとおさらいしたいと思います。

映画は絵画や写真の流れ、それから残像アニメーション、パラパラ漫画とかの流れ、それから幻灯機といって、あるものをスクリーンに映し出す装置ですけども、その三つの潮流が合わさって、映画表現という発明に進化していきました。

それぞれがとても重要で、「幻灯機」は今では映写プロジェクターやTVモニターやデジタルモニター画面などに大進化した機器になっていますが、他の二つの流れ「絵画、写真」「残像アニメーション」は、今でも人類にとって重要な表現の潮流として脈々と受け継がれています。

まず絵画ですが、これは私が小学生の時に見て、始めて非常に衝撃を受けた絵です。絵画とか写真はもちろん止まっていますが、私の心の中では、この絵画は動いていました。あるいは、私の心をものすごく強く動かしました。

葛飾北斎の『富嶽三十六景　神奈川沖浪裏』という有名な版画です。こちらはゴッホの絵ですけども、ゴッホは北斎に大変影響を受けていまして、この絵とかは表面的な見た目は全然違ったものですが、作者が作品表現に定着させようとしている大切なコアが、作者が訴えようとしている「内的な心の動き」が、先ほどの北斎の絵に非常に似ていると思います。絵ですから動いていないのですが、明らかに止まっているけど動いているっていう、強い心の震えを感じます。

今度はゴーギャン、これも大好きな絵ですけども、タイトル『我々はどこから来たのか　我々は何者か　我々はどこに行くのか』、人間の一生を一枚の絵画で表現した作者の畢竟

上＝葛飾北斎「富嶽三十六景　神奈川沖浪裏」
下＝ゴッホ「星月夜」

1

2

3

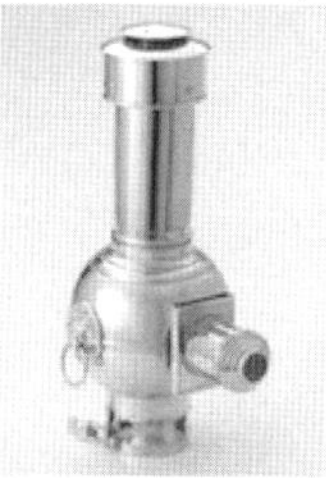

の大作です。表現を志す人の中には同じようなテーマを考えている人は非常に多いことでしょうし、人間として生まれて生きていれば、このことを考えざるを得ない方も多いと思います。最近では最先端の科学である量子物理学者の方にも、このことを標榜している方が多いということに、私は感銘を受けています。

この絵が制作された時期ですが、映画が発明されたのとほぼ同じぐらいの年に制作されています。非常に巨大な絵で、実物を見たときには、見たというよりは体験した、映画を観るのと同じような臨場体感力を感じ、大きな心の震えが沸き起こりました。

上＝ゴーギャン「我々はどこから来たのか　我々は何者か　我々はどこに行くのか」
中＝マジックランタン　＊東京写真美術館ＨＰより抜粋
下＝フェナキストスコープ

そして、これは幻灯機。マジックランタンです。透明の紙に描かれた絵をランタンの灯で照らして、白いスクリーンに投影する仕掛けです。一七世紀にオランダの方が発明し、マジックショーとかの興行に使われたものですね。この装置を見えないところに隠して置いて、不思議な図を投影して異世界体験させるという興行らしいです。日本にも江戸時代に長崎の出島経由で輸入されていて、独自に作られた装置も残っています。明治時代には、スライド装置のような方法で教育に応用されて流行したようです。

それから次は、残像アニメーションです。パラパラ漫画を応用したフェナキストスコープという機器です。残像効果によってモノが動いて見えるという視覚の錯覚の発見、少しずつ動きの違う像が連続することで動いて見えるというやつですね。これが映画の発明に応用されました。

映画創成期

そしてついに映画が発明されます。アメリカで一八九四年にエジソン（一八四七―一九三一）が発明したキネトスコープ。まず、これが映画の発明といわれていますが、実際はのぞき穴で見るタイプで、巨大なスクリーンに映写してたくさんの人が同時に鑑賞できる、パブリックイメージの映画とは違います。ただ、現存するほぼ最古の動く映像のひとつには間違いないと思います。ウィキペディアにも載っています。

これが撮られたのは一八九四年ですね。また、この映像はスタジオで撮られていますが、先ほどちらっと映っていた、黒い家みたいなのがエジソンの動画撮影スタジオなのですが、それも発明して作り上げています。そして動画を創って、それをどう見せるかというのも発明したということです。そしてエジソンの動画はほとんどがサービス精神に富んだエンターテインメントでした。

一方、次の年一八九五年、フランスのオーギュスト（一八六二―一九五四）とルイ（一八六四―一九四八）のリュミエール兄弟が、年末の一二月二八日に、パリで一般のお客さんからお金を取って、動く映像を巨大なスクリーンに映し出す興行をしたのです。そこでいろんな人々が見たんですけども、これが世界史的に映画の始まり

上右＝エジソン
上左＝上にのぞき穴がついた「キネトスコープ」
下＝世界最初の映画スタジオ「ブラック・マリア」

リュミエール兄弟

と見なされています。この時に映された動画もありますので、ちょっと見せてもらえますか。

その記念すべき上映日に、次に紹介するこのジョルジュ・メリエス―魔術師、マジシャンだった人―は、リュミエール兄弟が発明した映画を観に来て、とても心惹かれ、これは自分の仕事に使えるんじゃないかということで、すぐにこの装置を真似て自作してマジックショーと合体させ、次の年から次々にトリックを動画で見せる短編を撮り始めました。

有名な面白い話ですが、この人が映像を利用したトリックを発見したのは、カメラの故障、失敗からでした。カメラが一回止まってしまった、で、またカメラを動かして撮ったら、止まっていた時間が飛んで写されたので、止まる前に写っていた車がマジックのように突然消えたということから、映画のトリックを思いついたと伝えられています。

マーティン・スコセッシ監督の、この監督にしては珍しいファミリー向けとも言える『ヒューゴの不思議な発明』（二〇一一）は、ハリウッド大作映画、3D映画でもあり、スコセッシ監督のめくるめく映像体験技術が炸裂していてとても面白く楽しめる作品でしたが、その映画の陰の主人公のモデルにもなった方です。この作品、映画創成期を描き出すので、リュミエール兄弟の映画初上映の場面やメリエスの撮影風景なども丁寧に再現されていて、映画史の勉強としても役に立つお得な映画でした。

「月世界旅行」(1902) 復元着色版の場面写真

兄弟が発明したシネマトグラフ

これは、彼の創った映画で一番有名な『月世界旅行』という一九〇二年に撮られた作品ですけども、もう既に立派なSF映画、ファンタジー映画です。

最近はデジタル技術の発達で、非常に良い状態で修復されて古典映画が復元されていますし、失われたと思われていた映画なども再発見されて観られるようになっています。YouTube等でもたくさんアップされていますので、私もよく観させて貰っています。

その流れで、次は、今まさに東京で上映が始まった、新たな映画史の再発見、映画創成期の女性監督だったアリス・ギイの紹介です。

映画が発明されたすぐの段階から、ストーリー性を持った作品を最初に監督し、さまざまな先駆的な技術や表現技法を採り入れた人物と言われていて、リュミエール兄弟やジョルジュ・メリエスとも並ぶ映画史初期の最も影響力のあるパイオニアの一人として、近年ようやく一般的にもしっかり認知されてきた方です。

非常に重要な方だと思うのですが、今まで私も不勉強で、その存在を良く知りませんでした。一九八〇年代ぐらいから少し名前が出始めていて、情報だけは知っていたんですけども、今回、このドキュメンタリー映画『映画はアリスから始まった』を観ることによって、再発見された経緯やアリス・ギイの全貌が理解できるようになりました。

まだまだ私たちが知らない重要な真実、実は間違って伝えられていることなどが映画史関係の中にもたくさんあるというのを、まざまざと教えられた出来事でした。断片だけ観させていただいただけでも、創成期の他の映像には見られない、繊細でナイーブな感性に溢れた斬新な作風に見受けられます。

まだまだ私が知らないことはたくさんあるわけですけども、映画を発明し、それに取り憑かれて映画を創りはじめた人たちが、何を映画に求めたのか、そこにはどんな魅力があり、表現力があり、可能性があったのか、少しその秘密について探りましょう。

とりあえず、映画というのは「リアルさ」ですね。自分たちの姿やかたち、時間を記録したいという人間の根源的な欲求、「動きや変化の記録」というそれまでの人間が持ち得ていた表現形態では表現できなかった、日常の連続した時間や動きの連なり、その一瞬を凍結させて定着させる絵画や写真には表現できなかった、つまり動いて変化し続ける、人間の、そしてその生活の、そして森羅万象の環境全体の生命活動そのものの実体を、私たちの知覚に極めて近い形象で記録できて、そしてそれをさらに拡大再生再現できるという、そのリアルな記録表現性に対する欲望充足が、まず、あったと思われます。

自分たちの日常を記録できてそれを再現できるというのは、それだけでもう何かすごい驚き、魔術といいますか、そういう摩訶不思議なものでもあったわけですね。

しかもそれが、大きなスクリーンに拡大されて映されたわけですし、また、現実とは違うブラックアンドホワイト、白黒の映像で、現実音はない状態、つまり、まるで夢の世界に包まれるような状態で映し出された訳ですから。リアルな記録性と驚きの魔術性、そして興行にもなったということから娯楽性、そういうものを必然的に合わせ持っていたのです。そこから映画は出発したのです。

心の闇の奥へ

ここでちょっと、話の流れを変えてみます。映画が発明された時代、同時期、人間の無意識というものが科学的に発見されました。精神医学というものです。

有名なのはまずジークムント・フロイト博士（一八五六―一九三九）。「トラウマ」とか「自我」とか「夢解釈」とかのキーワードが有名ですね。それからフロイトの弟子的に世界に認められて、後にフロイトとは完全に決別して、彼なりの新たな精神医学を発達させたカール・グスタフ・ユング博士（一八七五―一九六一）。「集合的無意識」、「元型」とか「シャドウ」とかというキーワードが有名です。

たとえば「元型」というのは、『スター・ウォーズ』シリーズなどでも取り入れられている人間性のキャラクター、ある人間が意識の下に潜在させている影の人格を分類する考え方です。

フロイトやユングによって、はっきりと感じることのできる表象の意識の奥に、人間には無意識というものがあり、実はそれが人間の人格形成、心の在り方や感情や精神生活などに非常に重要に関わっているという考え方の学問、科学、それが精神医学です。これが、映画が生まれたのと同時期に発祥しています。

また、同時代に、芸術的な方面でも大きな動きが起こっています。私も大好きな画家の方たちが大活躍した時期で、ゴッホはちょっと前ですけど、さきほど紹介したゴーギャン、セザンヌ、マティス、ルドン、ピカソあたりですね。

それから、科学の世界、最先端の物理学の世界でも、たとえばアインシュタインが現在の物理学の基準となっている画期的な理論「相対性理論」を発表し、その理論とは相容れない部分を持つけれども、現在と未来の科学に非常に重要な極小世界を扱う物理学、「量子力学」というのもこの頃に勃興しています。

なぜ映画が生まれたのかということを考察してゆくと、人間には何故、リアルな動く記録とか、魔術とか芸術とか娯楽が必要だったのかということと繋がります。なんで自分が映画にひかれるのかということを考えていった時に、このことをいろいろ考えてみました。日常生活だけでは私たちは満足できない、何か埋まらない心の隙間、思い、本能的な何かがあるということ。太古の昔から、人間は、それを様式、儀式、余興とか遊びとか芸能とか芸術にしてきたし、心の隙間を埋めたくてですね、あるいは個人の想いや感情を表現したいということで、他の生き物のように、叫びや唄のようなものにしてきたし、着飾ったり踊ったりもしてきました。絵や記号や「ものがたり」にして残そうとしてきたし、あるいは闇とか死への恐怖をなくしたい、病を治したり退散させたいという思いが、呪術、儀礼、祭礼、やがては宗教になったりしました。そして、謎や何故?を探求する心、それがどこから来てどこに行くのかということを思索する哲学になり、自分達はもっともっと進化したい、よりよく生きたいということで科学や医学の進化に体系づけられ、現在までこのように発達してきたと思うんです。

もともと人間には、心の奥というもの、心の隙間というもの、心の奥の広い世界を見たいという、あるいは感じたい、何とかしたいという本能が備わっていたのは間違いないですよね。現代人は日常で普通に懸命に生きるために暮らして満足している時にはそういう心の隙間を埋める必要はないはずなのですが、ふとそれが崩れる時、自分が普通だと信じていた日常が壊れるような経験に出会った時、そういう日常じゃないことに気持ちが持っていかれる時に、不意に心の闇が襲ってきて、そこに意識が持っていかれます。それが何なのか、その謎や実体を知りたいという気持ちが湧き起こる。これはもう誰にでも共通の意識だと思います。

これは人類が誕生した時にもあったし、人類がどんどん成長していって、どんどんどんどん変化してきて、それにつれて、人類の表現もどんどん成長して変化して、進化してきて、それが最終的に映画として発明されたのだと思います。現代に近づくにつれて、人間の心が複雑化、多様化して、映画も様々な先行表現や芸術を複合的に組み合わせた表現、芸術として発明されたんですけども、それを具現化できる科学的技術の蓄積があったから生まれ出たものです。

けれども、同時に、映画というのは、人類の心がもともと太古の昔から持っていた根源的な欲望、心の奥の暗闇の奥、その謎を探り、表現したいのだという先祖返り的な根源的渇望から生まれ出た表現形態だと、私は思っています。

そのことを証明するのが洞窟壁画というものです。洞窟絵画ともいいますね、人類最古の芸術といわれています。続けて、その話に移ります。

これはラスコーという二万年前の洞窟壁画ですけど、私にはこの洞窟の壁面は、どうしてもスクリーンに見えてしまいます。最近の研究で検証されているのは、彼らは実際にこの洞窟の暗闇の中で、松明をかざしてこの絵を見ていたらしいんです。この洞窟の暗闇の中は私には映画館に見える。そして、この壁画はスクリーンに映し出された映画です。これをちょっと紹介しますので、まず動画を観てください。ヘルツォークというドイツの監督の記録映画の予告編です。

これは、フランスのショーヴェという場所で発見された三万二千年前ぐらいの洞窟壁画の記録ですけども、先ほどお見せしたのはラスコーの洞窟壁画、これを描き残した人たちは、実はこの壁画を動かしていたんじゃないかっていうことが、最近、研究されてきていて、専門的な研究者だけではなくて、映像アーティストも、いろんな洞窟壁画の解析をしています。

こういう描き方をしているのは、松明を暗闇の中で動かし、壁画を動いているように見るためじゃないかと言われています。つまり残像効果を利用したアニメーションをやろうとしていたんじゃないかということですね。これは、そのような説を基にして、私が監督した新作映画『自分革命映画闘争』で実証検証させて貰ったシークエンスの映像です。

さらに、これもまさに最近（二〇一九年）発見されて、研究が始まったところなんですけども、インドネシア

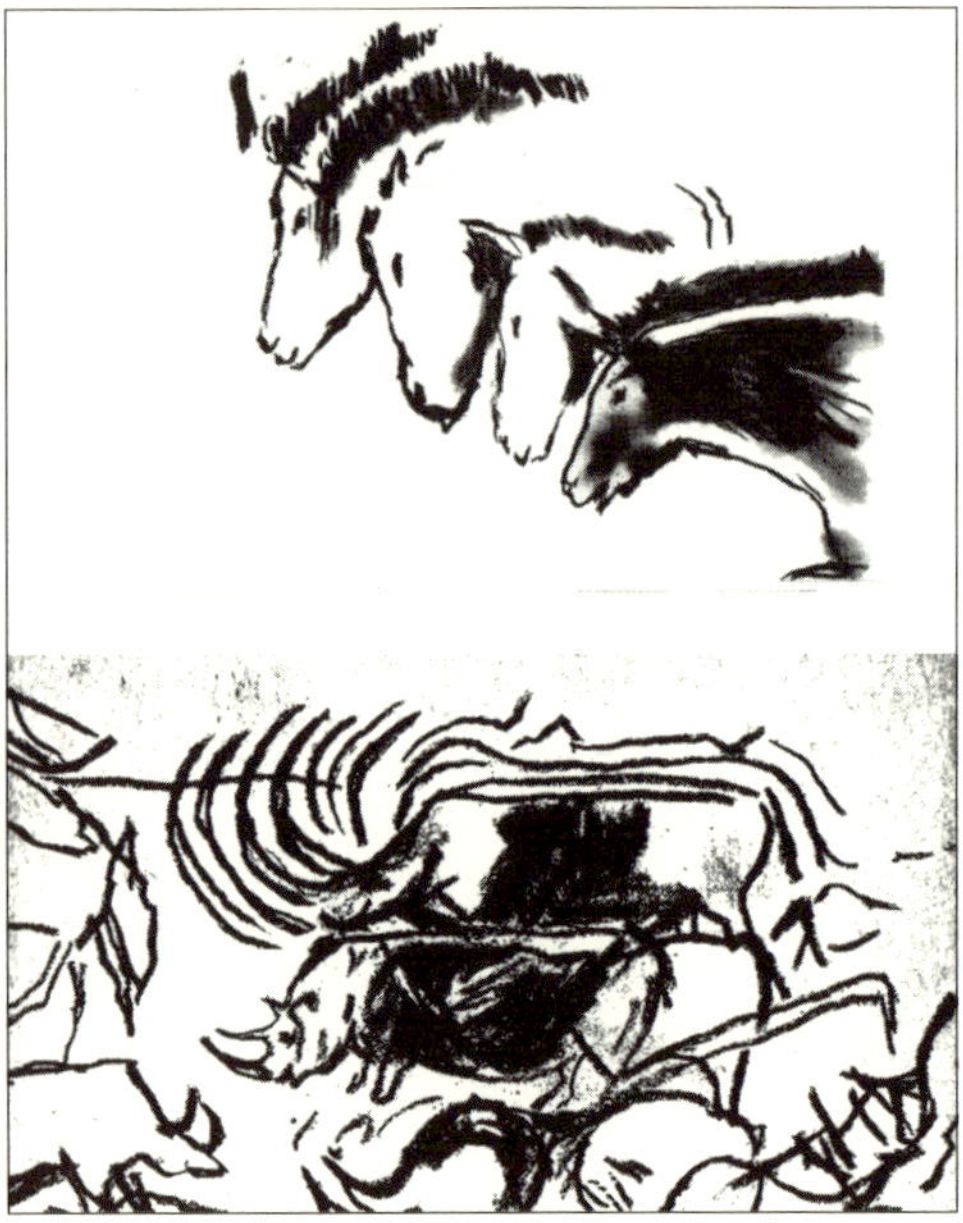

上・中＝ラスコー洞窟壁画
下＝「自分革命映画闘争」より洞窟壁画のシーン

スラウェシ島の洞窟壁画

のスラウェシ島の洞窟壁画です。

画期的な発見です。約五万一千二百年前（※二〇二四年七月八日のＮＥＷＳより）、これは現在世界最古のいわゆる具象的な絵画表現物です。もっと古い洞窟壁画で抽象画みたいなものは他にも発見されていますが、はっきりとした動物や人間の形を描いた具象絵画では最古で、しかも物語を作っていたらしいということも分かっています。

あとすごいのは、これまでこのような洞窟壁画はヨーロッパでしか発見されていませんでした。氷河期に氷河に閉ざされた洞窟の中にあったので何万年後の現在にも残ったと考えられていたのです。それで、このような具象絵画文化はやはりヨーロッパで起こったと信じられていたのです。しかし、その定説をこのニュースは覆しました。このような洞窟壁画が熱帯の、アジア辺境の、インドネシアの島に残っているっていうことが、いかに画期的なことだったか。これ、つい最近の出来事、わずか三年前くらいの発見で、まだ調査が始まったばかりなのです。

Ⅱ　心を揺るがす映画表現の進化

映画＝動き＝変化＝無常

映画は、この表現の発達の歴史の流れから見て、表現をどうにかして動かしたいという人間の欲望が生み出したのは間違いありません。なぜ動かしたいかというと、この世の森羅万象は必ず変化する、命は一瞬たりとも止まらずにどんどん生成変化します。世の中は変化する、自分も変化します。だから人間は変わらぬもの、不動的なものを畏怖し崇拝しました。

ただ、それも人間の知識になかっただけで、一見変わらないと思えるものも必ず生成変化しているわけですが、その変化に抗いたい、それを止めてみたい、いままで不可能だった不可逆の動きや変化の総体の面白さを表現できるということ、それに対する思い、そして、それが可能ならばそれをもっと面白く使えないかという欲望があります。

これは命の本質だと思いますが、命の本質ということは、常ならぬもの、無常ということ、決して元に戻らない一瞬一瞬を私たちは生きている。普段は忘れたいことですけども、これを映画、映像は捉えることができ、そして映し出して再現することができるのです。

この動き、映画＝ムービングするピクチャー、ということで、私がこのムービングピクチャーという名称から、一番に連想するのが、次に紹介する、映画史上最も有名で、世界の老若男女に現在でも愛され続けている偉人、映画創成期から亡くなる直前まで活躍された、俳優兼監督チャールズ・チャップリン（一八八九―一九七七）という方です。

彼の映画は、自作自演の作者である本人が、独特のパントマイムスタイルで、ホームレスの放浪紳士の珍妙な

チャールズ・チャップリン「モダンタイムス」(1936) より

キャラクターを演じ、人間の心の動き、感情の動き、喜怒哀楽の動きを、デフォルメした自分の身体や表情の動きに還元して、笑いを取りながら、観る人の心の感情を豊かに動かし続け、そしてさらに深く重要なテーマをさりげなく観る人の心に残しました。そういう魔術的な映画をたくさん創り続けた映画史上最大の達人です。

チャップリンは、映画がトーキーという発明で映像とセリフ発声の同時再生が可能になってからも、セリフの発声がなく、俳優のあらゆる動き、映像の動きや音楽的なリズムやテンポを非常に重視したサイレント映画の表現、ムービングピクチャーの基本に、生涯にわたり非常にこだわった創作者でした。

編集の発見と進化

映画表現は、まずは枠とか構図の表現という、写真とか絵画とかから借りた表現から始まりました。そして、現実の時間は規則正しく現在から次の瞬間へ、ただ一方的に過ぎていくだけで決して元には戻せませんし、また空間も人間も瞬間的に移動したりはできません。

映画が発明された当初は、現実を撮ってそれが現実と同じように生きているような〝動き〟で映し出されただけでも魔術であり、驚きと意外性にあふれた娯楽表現、興行の発明だったので、その法則をなぞった表現が映画表現でした。

しかし、それは慣れれば当然飽きられます。太古の昔からの絵画や写真も既に高度に発達した表現としてありました。映画も生まれてすぐに、それを扱う人々によって、様々な工夫が施されていったのは既に説明した通りです。

撮る対象の〝動き〟の面白さだけではなくて、撮り方とか、全体の組み立ても、時間の流れ方の〝動き〟も面白くしようということが、様々に試みられていきます。

今では、ごく当たり前のこととして行われていますが、ああ、映画というものはどこからどう撮っても、撮りながら勝手に空間を移動してもいいんだっていうことが発見され、また時間を飛ばして撮っていいんだということが発見されていきます。そして、撮ってから、後で、それを勝手に組み合わせていいんだ、バラバラに撮ってもいいんだ、ひとつひとつの画面をサイズも変えて撮っていいんだ、ということが発見されていきます。

空間と時間の自由な操作と組み合わせ、そこから、飛躍的に過去の表現にはなかった新たな表現の可能性が、次々に試されていきます。これが映画における〝編集〟というものの基本的な概念になるのですけども、純粋に映像の力で、物語を有機的に、非常に面白く、また独自に、オリジナリティーを持って語る方法、技術が発明されてしまったのです。

グリフィス

たくさんの世界中の先人たちが、競って映画で物語を創り興行しました。そんな先人たちの中でも、作品量産とその興行をしながら映画表現を独自に実践的に試して、初期のハリウッド的な娯楽映画の定石的で総合的な映画話法を極めていった達人、チャップリンなどと共に映画の都ハリウッドの基礎を創りあげた監督が、デヴィッド・ウォーク・グリフィス（一八七五—一九四八）という人です。

彼の最も有名な映画は『イントレランス』という、映画史上空前の野心的超大作にして、怪物的傑作です。

ただ、近年、この方は人種差別的といいますか、当時の作品描写でそういう面があったということで、かなり問題視されている方です。しかし、映画表現史的には偉人、大きな表現成果の功績を残した方です。ハリウッドの娯楽映画の典型的な撮

「イントレランス」1916年

り方、ロングショットの広い絵でシーンの全体状況を示して、フルショットで登場人物たちの関係性やそれぞれの動きや環境を的確に見せ、そしてクローズアップで人物の表情や感情を撮り、それらを総合的に有機的に組み合わせる。映画のドラマをスムーズに的確に面白く組み立てる、カバレッジコンティニュイティと呼ばれている、ドラマを語るための基本中の基本の撮り方、編集の方法を完成させました。また、退屈な部分や時間を省略しながら同時にいろんなスリリングな場面を同時進行させ、ドラマに面白く機能する、大切な時空間だけをスピーディに並行描写で描くというカットバックという手法、あるいは主人公がものすごく危機に陥って、観客をドキドキ、ハラハラさせ、ドラマにしっかり同化させて、もう主人公達は希望なしと思い込ませて、最後の最後に、ぎりぎりの逆転満塁ホームランで一気にうっちゃりのハッピーエンドにする、怒濤のクライマックスとカタルシスを生み出す手法とかですね。

　こういうハリウッド娯楽映画の王道描写を、もう、一一〇年以上前に確立していた人です。いやそれ以上に、この『イントレランス』という映画は、その当時の現代を含めた、古代からの四つの時代のそれぞれの人間たちの不寛容がもたらした象徴的な悲劇的事件、イントレランスというのは不寛容という意味ですけども、意見が異なる他者を許せない心が人類にいかに悲劇を生んできたかというテーマを、重層的なスペクタクルとして、また繊細な人物描写、感情表現、シンボリックな映画詩的な表現などを駆使し尽くして描ききっています。映画表現が到達できる極北であり畢竟《ひっきょう》の超大作です。二度とこんな巨大スケールの本物のセットもスペクタクルシーンも創れないでしょう。

　このグリフィス監督には、もう一つ「プンクトゥム」という非常に重要な、映画表現にとって私が重要だと信じている手法というか概念要素があるんですけども、これも、この人が映画表現に積極的に、意図的に導入した手法だと言われています。この「プンクトゥム」については後にまたお話しをします。

グリフィス監督撮影風景

「カリガリ博士」1920 年

「吸血鬼ノスフェラトゥ」1922 年

ドイツ表現主義

それから次に、「ドイツ表現主義」映画運動。これも作品の一部を見せてもらえますか。

一九一四年くらいからドイツを中心に発達した映画運動です。ドイツでは第一次世界大戦後の社会荒廃があって、非常に社会不安、政情不安があってですね、その影響をもろに受けています。もう映像を見ていただければその特徴は一目瞭然です。こういう極端にゆがみ切った世界。

今お見せしたのは『カリガリ博士』という一九二〇年に作られた映画ですけども、他にも代表的なのは、私もリスペクトしているフリッツ・ラングという監督とか、ムルナウという監督の作品です。

ドイツ表現主義は、人間の表と裏、心の奥や社会の影に秘められて普段は光が当たらない根源的なダークサイドをあぶり出します。そのために光と影、生と死、善と悪とかの、両極で対比的なものが強調されて激しく葛藤させられて渦巻き、それを映画的表現にデフォルメして強烈に描き出します。怪奇幻想、ダークファンタジー、ゴシックロマン、そういう映画の原点的な世界です。

けれども、たとえば、ティム・バートン監督が創り続けているハリウッド映画は、この世界観の影響を先祖返り的に受けています。最近では、『ダークナイト』等バットマンシリーズのクリストファー・ノーラン監督、『シェイプ・オブ・ウォーター』のギレルモ・デル・トロ監督が描く世界、『ジュラシック・ワールド』シリーズでの若い監督たちの映像創作でも、ドイツ表現主義の影響をもろに受けているなというのがはっきりと分かる撮り方や場面があります。また、それに対するリスペクトオマージュ的な映像さえあります。一〇〇年以上前の映画表現方法とはいえ、人間の心を根柢から揺さぶる映画表現力の秘密に触れているのだと思われます。

日本でも衣笠貞之助監督の『狂った一頁』という作品は、この表現主義に影響を受けて撮っています。日本初の前衛映画であり、川端康成や横光利一といった文豪、そして意欲的な若い映画人スタッフが集まって自主制作された映画で、後に特撮の神様、ゴジラやウルトラシリーズの生みの親である、私も大リスペクトの若き円谷英二氏も撮影助手として参加しています。また、溝口健二監督、世界的に著名な日本の大巨匠監督ですけども、この人も初期の頃はこの表現主義に影響を受けた映画を撮っており、これは私も観たくてたまらないのですが、残念ながら全く現存しておりません。

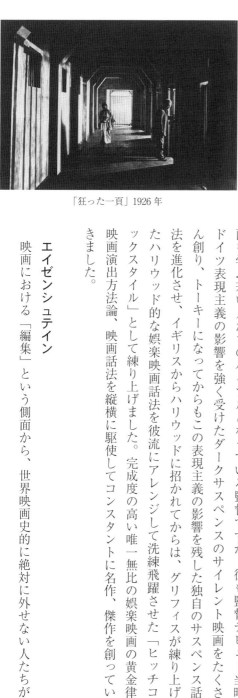

また、アルフレッド・ヒッチコック監督、映画史上ナンバーワンの娯楽映画の神様であり、今でも世界中で映画を学ぶ若い人たちのバイブルとなっている監督ですが、彼も監督デビュー当時、ドイツ表現主義の影響を強く受けたダークサスペンスのサイレント映画をたくさん創り、トーキーになってからもこの表現主義の影響を残した独自のサスペンス話法を進化させ、イギリスからハリウッドに招かれてからは、グリフィスが練り上げたハリウッド的な娯楽映画話法を彼流にアレンジして洗練飛躍させた「ヒッチコックスタイル」として練り上げました。完成度の高い唯一無比の娯楽映画の黄金律、映画演出方法論、映画話法を縦横に駆使してコンスタントに名作、傑作を創っていきました。

「狂った一頁」1926 年

エイゼンシュテイン

映画における「編集」という側面から、世界映画史的に絶対に外せない人たちが

います。この当時、第一次世界大戦のヨーロッパ混乱後に、社会主義革命の中で共和国として立ち上がった「ソビエト連邦」は、指導者レーニンが映画を非常に重要視して世界初の国立映画大学を設立し、また当時ソ連ではフィルムが貴重で、まず海外映画の上映、研究を促進、国立映画大学では特に編集を重視、研究したことから、前述のグリフィス監督『イントレランス』がその重要研究課題でしたが、そこから編集の学術的研究が進み、それを元に映画史的に重要な監督たちを生み出しました。その中で最も代表的な人が、セルゲイ・エイゼンシュテイン監督（一八九八—一九四八）です。一九二五年の『戦艦ポチョムキン』という映画が非常に有名です。

映画史上もっとも有名な六分間といわれている「オデッサの階段」のシーンを観ていただきます。エイゼンシュテイン監督は、映画編集を「モンタージュ理論」として、彼なりの哲学的な理論として唱え、作品で実践しました。

オデッサの階段での軍隊の足の進軍
『戦艦ポチョムキン』より

このシーンでは、ロシア側の軍隊兵士は一切表情とかも見えず、全員同じ機械的な動きをしており、それに比べて弾圧される多様性に満ちた庶民たちは非常に表情豊かにクローズアップで捉えられています。ロシア革命を記念して創られた映画なので、ロシア帝政の軍隊とかがいかに非人道的だったたか、非人間的だったかというイメージを強烈に表現しようとしています。

この監督のモンタージュ理論のテーマは、もともと関係のない映像と映像を衝突させて、新たな第三の意味を生じさせるという、掛け算の「弁証法」的表現ですけれども、映像と映像を掛け算にすることによって、不可視の眼に見えていない意味を、観客の心に強く感じさせるための編集方法です。彼はこれを理論化しました。

彼のモンタージュ理論は、意味の違う字と字を組み合わせて新たな意味を生じさせる漢字からインスパイアされたとも言われます。彼は、日本の文化、特に歌舞伎の表情や動きの様式表現にも強い興味を持っていました。自分が培ってきた

逃げ惑う人『戦艦ポチョムキン』より

ロシアやヨーロッパの文化、思考、演劇やドラマの方法と、全く異なるアジア、日本の表現との衝突を試みたのでしょうか？

実は私には、この「オデッサの階段」シーンはモンタージュ理論という「理論」よりも、アクション映画の撮り方、それからアクション編集の仕方のお手本として、結構今でもよく見返します。スピルバーグ監督とかも何かそういうことを語っていたような気がします。皆さんはご存知ないかもしれませんが『ブラック・サンデー』（一九七七）という、イスラエル諜報部員がパレスチナゲリラの大規模なテロを阻止するための闘いを描いたハリウッド製娯楽大作があったのですが、その監督ジョン・フランケンハイマーも、このオデッサの階段シーンを参考にして大パニックのクライマックスシーンを撮ったと、映画雑誌に紹介されていました。

アベル・ガンス

ちょっと時代は戻るのですが、これも映像をお願いします。もう一つだけ、有名なサイレント映画のモンタージュ方法についてお話しさせてください。アベル・ガンス（一八八九―一九八一）というフランスの監督ですが、『ナポレオン』という超大作映画で有名な偉人ですけども、この『ナポレオン』（一九二七）、実際は一二時間ぐらいあるのではないかっていわれていて、現在も、まさに完全版修復作業が進んでいる、やはり映画史上で非常に希有な作品の監督であります。

これ、今、お見せしているのは老機関手の養女に対する報われない恋心と、それが引き起こす波乱万丈のドラマを描く『鉄路の白薔薇』（一九二三）というこの監督の代表作の一場面です。

主人公の老機関士が激高のあまり、列車を暴走させているシーンです。この部分が、この監督の編集方法を示すのにとても分かりやすいと思うので、紹介します。

「ナポレオン」1927年

主人公の心理的な葛藤の高まりの危機を、このようにショット編集をどんどん短く、早く加速させていってたたみ込んでいくモンタージュ技法、そしてフラッシュバック（突然フラッシュ的にイメージを挿入して印象づける）手法などで表現し、後の時代の映画編集技法に多大な影響を与えました。

ガンスのモンタージュ技法では、エイゼンシュテインとは違って、同質の映像が掛け合わされ、量が拡大し、スピードが加速します。その増大、拡張の強度が、観客に意識の変化までを促します。

人間が死ぬ直前に観るという人生の走馬灯がその人の一生を現前させるように、一つ一つの視覚的に工夫された短いショットが積み重なって加算されてゆくことによって、まるで有機的な生命体に進化したかのように、活き活きと結びつき、エクスタシー的陶酔を招き、作品全体のテーマを強く、印象的に焼き付ける編集魔術になるのです。

私が、この監督の編集方法をお話ししたかったのは、私個人の映画創作の初期方法と関係があってのことです。私が八ミリを撮り始めた頃、もう五〇年近く前ですね。その頃、私たちアマチュアが映画を創る際に使えた機材は八ミリフィルムを用いるホームムービー機材で、費用は今のホームムービーよりかかっていたにも関わらず、今のデジタル機材と違って、非常に貧弱なクオリティの映像や音響しか表現できない機器でした。特に音が問題でした。役者のセリフをしっかりと録って映像に同期させて再生するのが非常に困難だったのです。

当時の八ミリ機材を使ってドラマのある劇映画、娯楽的な劇映画を面白くするためには、私の場合は映画理論や映画演出術がまだ全然未熟で、撮るフィルムも費やす時間も最小限で、当然撮り直したりすることは不可能だったという事情もあり、とにかく撮れただけの少ない素材で編集を徹底的に工夫して修正し続けて、何とか面白くするために、知らず知らずのうちに自分なりの編集方法を打ち立てて、次には、編集から遡って撮影方法やシナリオをどのように修正すればより良くできるのかを考えることで、何とか作品を面白くするしかなかったと記憶しています。
なので、とにかく編集には凝らざるを得なかったのですね。撮影にはお金がかかりますが、編集は自分独りで徹底的に、部屋の中で内職手作業のように地道にコツコツと追究できましたので。その時には、私はこの監督の名前も存在も全然知りませんでしたけども、自分が行っていた編集というのは、かなりこの人の編集の考え方に近かったのではないかと後で知ったのです。私が、この監督の作品を観たのはサイレント映画『ナポレオン』四時間版が、一九八一年にコッポラ監督と映画音楽家である彼の父の手によって蘇り、世界各地で大規模にイベント上映された時でした。その時、自分が無意識に映画創作で追究していた編集方法は、このような映画史的映画とも繋がっているのだと実感しました。

私の場合、八ミリで培った自己流の創作方法を、『爆裂都市』くらいまでは、実践実作を通して、そのまま、ただがむしゃらに押し通していたように思います。ごろつきロッカー集団同士の抗争、フリークス浮浪者たちと彼らを原発開発に利用するギャング、謎の復讐者である流れ者兄弟らの激突爆裂のカオスを描いた『爆裂都市』ですが、恥ずかしながら私は『戦艦ポチョムキン』や『ナポレオン』といったサイレント初期の傑作を標榜して『爆裂都市』に玉砕覚悟で挑んでいたのでした。

「爆裂都市 BURST CITY」1982 年

サイレント映画期を代表する四種類の映画編集技法まとめ

ご紹介してきた映画、映画が発明された初期のサイレント映画は、当然、セリフはないんですけれども、セリフはなくても、映像の力と編集の力だけで観客の内なる心や感情を大きく動かし、「大切な狙い、テーマ」を強く表現しようとしている。逆に、セリフに頼らないからこそ、それがものすごく強く印象的に体感できる、このことを知っていただきたかったので、アベル・ガンスの印象主義加速モンタージュ、グリフィスによる有機的モンタージュ、エイゼンシュテインの弁証法的モンタージュ、そしてドイツ表現派の強度的モンタージュの四種類の編集技法としてまとめてみたんです。

以上、映画を面白く見せるための編集技術というよりは、今日のお話しのテーマである「内的対話」、映画の持つ「内的対話力」をどうやって表現しようとしてきたのか、という映画の始原的な編集技法基礎の紹介のために、これまでの動画をお見せしました。

映画が発明されてからわずか三〇年の間、映画が発声技術に頼る前に、映画史上の傑作がたくさん生まれました。今日、紹介しているのはほんの一部で、非常に素晴らしい映画が他にも数多くあります。

ただし、それは、何と言いますか、映画作品というのは実体を持ったモノではなくて、あくまでこのスクリーンに映されて消えてゆく単なる光と影の幻影に過ぎないわけですよね。実体がある絵画やオブジェや写真と違って、映画は、実は、客観的な実体、形がないのです。

映され、消えてゆく、単なる光の明滅の幻。実体は、演劇や他のパフォーマンスと同じで、それは行われた、上映されたという事実と、それを心にとどめた観客の心の中にしかありません。観客の心の中の実体は、その観客の存在と個性と同じで、世界でただひとつです。

映画表現について、もう少し別の説明の仕方をします。

映画、映像表現の始まりで、まず、大事なのは〝動き〟の表現だということを解説いたしましたが、「映画の動き」表現には実は二種類あって、「分かりやすい動き」、そして「分かりにくい動き」というものもあります。

「分かりにくい動き」表現は、人間の内面の感情の揺れとか、場の空気とか雰囲気とか、そういう動きの表現です。映画は、この分かりにくい動き、さらに分かりにくい動きも通り越して、目に見えないけれども、映像に映ってはいないけれども「動いているもの」を表現することもできます。この表現力も私にはとても大切なのです。

エンターテインメントとして分かりやすいのは、もちろん、娯楽的に分かりやすい、はっきりと目に見えて面白い動きです。ただ先ほど紹介したチャップリンのような達人は、この両方の動き、豊かな内面の感情の揺れの動きなども目に見える非常に分かりやすい動きに還元表現ができていて、それによって観る人の心も楽しく豊かに深く動かせることができる、しかも自分の肉体を使った自作自演でという、稀有《けう》の「ミスター映画表現」と言ってもいいような存在です。

普通、目に見える分かりやすい動き表現の面白さを目指す、すなわちエンターテインメントと、眼には見えにくい動き、感情関係の複雑な動きや、個人と他者や環境との多様で繊細な関係性の揺れや動きを表現するアート的な映画表現、この両極の二つは、なかなか的確に融合・両立が難しいものです。もちろん、だからこそ、意欲的な映画監督達が、独自の方法で試行錯誤を試みるのです。

そして、ご存じのように、現在の映画は、本日ご紹介しているような原初の映画力を基盤としながらも、時代や技術の変化が自ずから要求する、映画表現と映画の内的対話力の在り方、そして、世界と人の多様性化のドラマを映し出す方法を、常に模索しながら、日進月歩で揺れ動き、変わり続けています。

私も、当然のことながら、常に、温故知新と、型を知ることで型を破ることができる型破り表現と、この両極の間で揺れ動きながら、人間と時代環境が生み出す物語を鮮烈に、永遠の一瞬として映しだして、定着させることのできる、そんな映画表現を模索し続けています。

〈補足〉ソ連サイレント映画のモンタージュ

サイレント映画時代に、ソ連で映画編集技術が進化して「モンタージュ理論」が発生し、弁証法的なエイゼンシュテイン監督のモンタージュ理論だけではなく、他にも非常に優れた映画作家による理論が複数生まれています。映画史上において突然変異の超越的映画作家だと思われていた、あのスタンリー・キューブリック監督が、唯一学び、賞賛したという理論もあります。それは、エイゼンシュテインの映画大学の先輩にあたるフセヴォロド・プドフキン監督（一八九三—一九五三）の人間ドラマにおけるモンタージュ理論です。以下にエイゼンシュテインのモンタージュ理論と比較して紹介しておきます。

エイゼンシュテイン監督は、主要登場人物の感情の流れを中心に物語を進めるという手法ではなく、力強いモンタージュによって「テーマ」「イメージ」を強引に強く畳みかけて訴えかけるという傾向が強く、そのために俳優には職業俳優を用いず、ほぼ素人を起用してリアリティを強調しているように見えます。一方、フセヴォロド・プドフキン監督は、エイゼンシュテイン監督と異なり、プロの俳優も起用した重圧なドラマ創作を目指しました。彼の代表作『母』（一九二六）は、ロシアの文豪マクシム・ゴーリキー（一八六八―一九三六）原作の映画化ですが、革命家の母親の悲哀を、登場人物たちの感情の流れを重視しながら、総合的な映像モンタージュ技術でドラマを繊細に紡いでゆき、クライマックスにおいて映像モンタージュの爆発でテーマを観客に強く染みこませていきます。主役の母親にもベテランの職業俳優が起用されており、演技を重要視しています。他に有名な作品として、『聖ペテルブルグの最後』（一九二七年）、『アジアの嵐』（一九二八）、これはモンゴルに壮大なロケをしていてドキュメンタリー的な要素もあり、スペクタクルでダイナミックな叙事詩的ドラマです。

プドフキン流モンタージュ（主要キャラの感情や心理、ストーリーテリング、作品のテーマを映像で表現構築する編集術）

プドフキンのモンタージュ技術の五つの特徴は、以下の通りです。

①コントラスト（対照）：ショットやシーンをコントラスト（対照）させること
②平行法：Parallelism or Similarity：類似性を利用した意味づけをすること
③象徴性：象徴（シンボル）を強調的に用いることで、より印象づけること
④同時性：物事が同時多発的に発生すること（カットバックとほぼ同じ）
⑤ガイド・コンセプト（又はライト・モチーフ）：メインテーマを強調するために、重要要素を変奏、繰り返して象徴的に表現すること。特定の人物や状況などと結びつけられ、繰り返し使われる短い主題や動機を指す。繰り返しは単純ではなく、変化や対旋律として加えられるなど、変奏・展開されることによって、登場人物の行為や感情、状況の変化などを端的に、あるいは象徴的に示唆するとともに、展開に統一をもたらす。ライト・モチー

フとはもともとは音楽用語で、示導動機とも言う。

そして、もう一人、ソ連というよりはウクライナ映画の父であり、サイレント映画末期に三本のみ、現代映画の視点から見ても画期的な包括的で詩的な映画モンタージュを駆使して完成度が非常に高い傑作サイレント映画を残し、弟子であり屹立するシュールレアリズム作風のセルゲイ・パラシャーノフ監督、そして畢竟の映画詩人アンドレイ・タルコフスキー監督にも多大な影響を与えた偉人、オレクサンドル・ドヴジェンコ監督（一八九四―一九五六）がいます。この偉人のモンタージュ技法については、個人的に現在最も注目している映画話法のひとつであるだけに、また別の機会にじっくりと深く検証を試みたいと思いますので、ここでは簡単なご紹介だけにしておきます。

『ズヴェニゴラ』（一九二八）『武器庫』（一九二九）『大地』（一九三〇）。一本一本スタイルが全く違うかに見えながらも、究極の完成度を誇る今こそ再評価するべきウクライナ三部作。特に『大地』は、人と人、人が接する森羅万象の無常の動き、植物、家畜、機械も含めて、その関係性の全てを直覚的に等価に見つめて、その時代その土地のその時の「生」の煌めきと問題を、祝祭再生的な映画構造で鮮烈に浮かび上がらせるという離れ業が成されています。厚かましいながら、自作監督作『水の中の八月』との親和性を感じる部分もあり、魂が震えました。

そもそもサイレント末期のこの時代、新生ソ連において、現在映画技法にも密接に繋がる非常に重要な映画話法、映画編集法が続々と生み出されたのは、そしてそれが、ハリウッド映画の大発展に比べて、突然に終焉したと見えるのは何故だったのでしょうか？

ソビエト連邦のリーダーだったレーニンはプロパガンダに最適と大のお気に入りになったD・W・グリフィス監督『イントレランス』を国中で公開し、普及させ、それを受けてモスクワ映画学校で、革命前から映画界に携わっていた外様的な指導者、映画監督でもあったレフ・クレショフ（一八九九―一九七〇）の「レフ・クレショフ・ワークショップ」は、『イントレランス』フィルムの映画技法を徹底的に分析解剖して研究し、そこからモンタージュ理論の元型となる理論を生み出していきました。

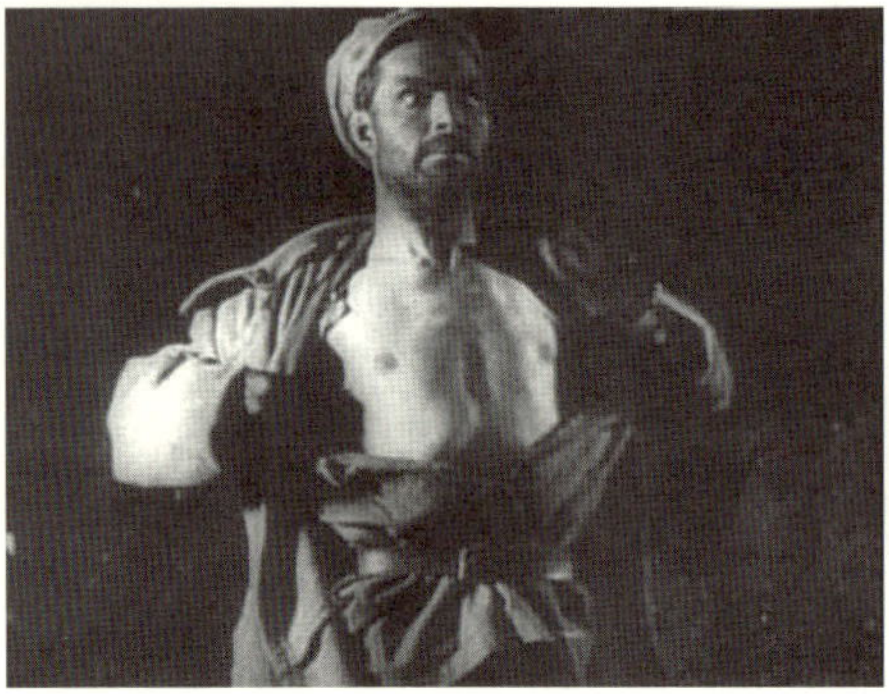

「武器庫」1929年

「大地」1930年

クレショフ効果

「クレショフ効果」とは、映像群が組み合わされ（編集）て、映像の前後が変化することによって生じる意味や解釈の変化のことです。一般に、映像の意味や解釈は、ほかの映像、主には前後の映像とのつながりのなかで相対的に決定されていきます。これは、映画的にものを伝える方法の基礎になっています。認知心理の一種でもあり、現代でも広告やＣＭなどのマーケティング心理やイメージ戦略にも広く応用されている基本中の基本の映像表現力です。

クレショフ・ワークショップから始まり、その教え子であったプドフキン、そして演劇から映画に移行したエイゼンシュテインらは、自らのモンタージュ理論を、国の発展とともに国家的支援による大規模な映画制作によって実践します。

そしてさらに、同時期、ソ連内の同胞でありながら、目の前の真実を分断して再構成して嘘をねつ造するものとしてフィクション的な劇映画やモンタージュ理論を公然と批判し、「世界で最も重要なことは世界を映画的に感じること、目の前の空間に充満する、混沌とした視覚現象を捉えるため、肉眼よりも完全な眼＝映画眼＝カメラアイとして映画カメラを利用すること」というテーゼを持って、ニュース映画を「カメラアイ理論」によってアートフォームに高めたジガ・ヴェルトフ監督（一八九六―一九五四）まで出現します。

彼の理論と映画表現は、『キノ・プラウダ（真実の映画）』ニュース映画シリーズ、『カメラを持った男』などの作品として残され、現在でも絶対的な映画表現力の基礎として屹立しています。

「カメラを持った男」1927年

しかし、ソ連での映画史上の画期的な偉業の勃興は、サイレント映画を終焉させたトーキー映画発明と重なるかのごとく終止符が打たれます。レーニンや彼の死後ソ連のリーダーを受け継いだ冷血スターリンによって始められたファシズム的な国家統制政策による映画表現規制が、自由表現を禁止させ、新生ソ連で爆発したサイレント映画末期の映画表現の若き画期的な数々の可能性の萌芽は、突然に潰されてしまう悲劇に到ります。

この偉大な遺産たちの影響は、意欲的な映画作家たちによって個々に受け継がれていきますが、直接的には、三〇年以上後に、フランスにおいてJ＝L・ゴダール監督（一九三〇―二〇二二）らが映画創作における監督独裁を否定して、集団創造による商業主義否定の新たな闘争的記録映画創作を標榜した「ジガ・ヴェルトフ集団」の出現や、ソ連政府に弾圧され投獄され続けながらもサイレント時代の超越的な映画話法スタイルを独自に進化させ、唯一無比の映画詩人となったセルゲイ・パラジャーノフ監督やソ連を亡命する闘いを強いられながらも二〇世紀を代表する聖なる映画監督として没したアンドレイ・

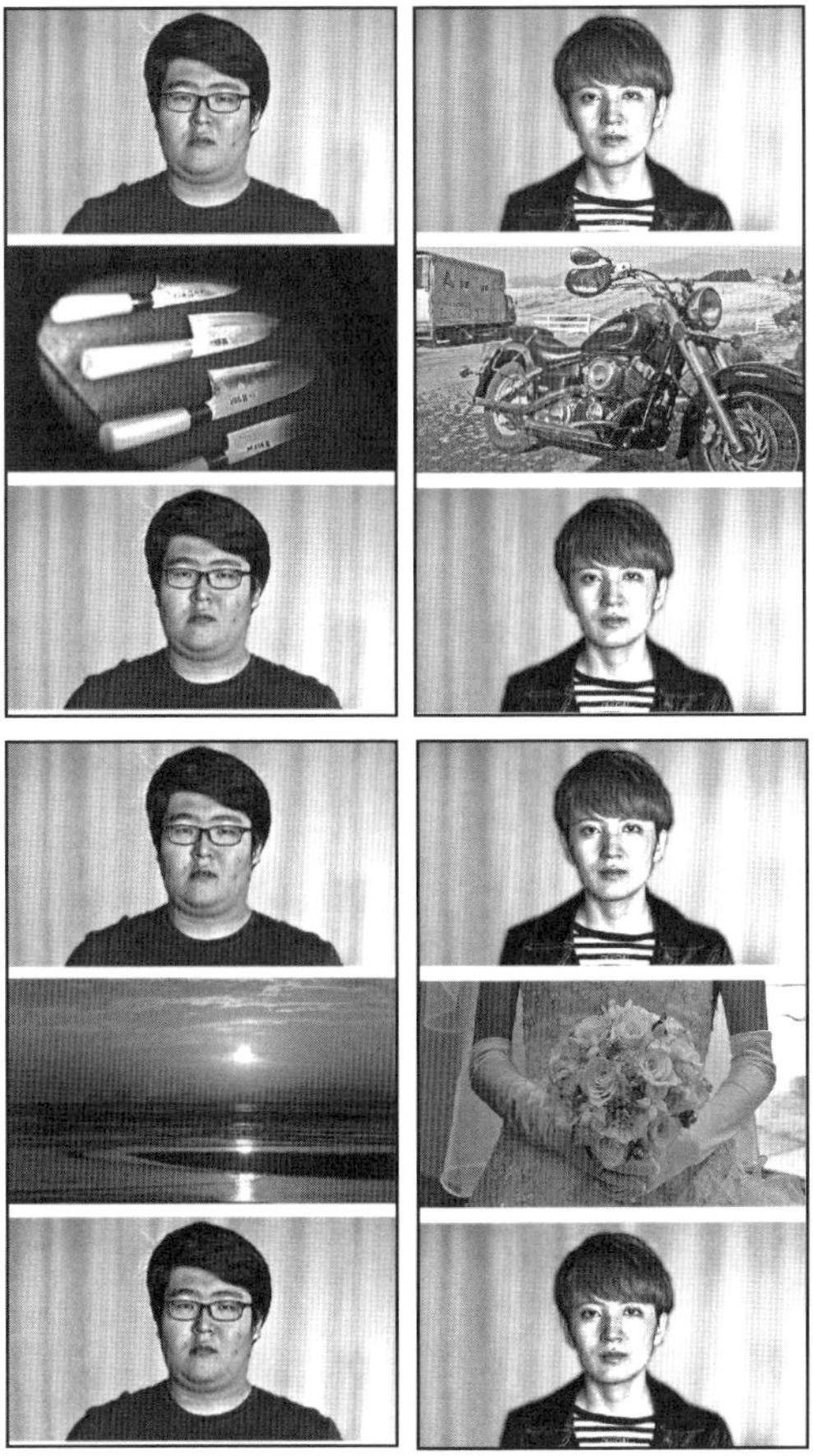

クレショフ効果：全く同じ表情でも、組み合わされる（写された人が見ている）モノの違いによって全く違う感情想起、イメージを観ている人に与える

タルコフスキーらの傑作映画の出現まで待たなければなりません。

ソ連創成期の若き映画監督たちのサイレント映画末期のモンタージュ理論（「非モンタージュ理論」）は、現代においても、映画表現における「内的対話力」の可能性の広がりを大いに秘めており、特に、近年のウクライナ紛争の勃発、そしてデジタルによる高画質版に触れるまでは全く無知であったオレクサンドル・ドヴジェンコ監督の『武器庫』や『大地』の映像力、カメラアイ、モンタージュ力の衝撃は、私には比類なきものになりました。

プンクトゥム

先ほど、後で説明をすると言いました「プンクトゥム」という感覚について、私なりにお話しをいたします。これは、もともとは思想用語ですが、尊敬していますロラン・バルト（一九一五―一九八〇）というフランスの思想家が生み出した言葉です。

たとえば、理屈では良くわからないのだけれど、自分の心に、突然、何か〝かまいたち〟のように裂け目を入れて侵入してくる感情といいますか、胸を締め付けられるような切ない感覚。多くの人を襲う「ノスタルジー」的感覚とも似ていると思います。「ノスタルジー」というのは自分が実際に経験した過去の体験を基にして、その記憶から襲ってくる感情ですが、この「プンクトゥム」という感情は、自分が実際に体験していなくても、デジャブ（既視感）的に、まるで経験したような郷愁「ノスタルジー」を感じてしまうという、そういう感覚です。或いは、何か、これは二度とない永遠の一瞬というものではないのか、そういう、他にたとえようがない、かけがえのない一瞬というものを、不意打ちに、電撃的に感じる瞬間ですね。

このような感覚が、なぜ人の心に到来するのでしょうか？　たとえば映画が映される時、それを私たちが観る時、あるいは写真が見られる時もそうですけども、その見ている対象物が撮られた時間は、既に過去であり、もう無くなっているもので、すべてはその時と変わっているという、残酷な真実への無意識の認識が関係しているのでしょうか？

撮影されて、今上映されている、眼の前で観ている、鑑賞体験している対象や時間は、すべて既に過ぎ去ったものであるという冷酷な事実。今はデジタル収録が主ですから、その収録物を瞬間的に確認できたりしますけども、かなり時間が経ったもの、既に亡くなってしまった人や場所が写っているものに対して感じる我々の感覚は、誰でもが非常に分かりやすく想像できると思います。たとえばほんのちょっと前でも、何かの事故で写した人が亡くなってしまったとか、その場所が火事や地震などの災害で突然、形がまるで変わってしまったとか、そういう経験をして、そしてその亡くなった当時の実態が生々しく写された映像を見た時など、既にその時間は失われていて二度と元には戻らないという残酷な事実は、厳然と、それを観た人の心を襲います。

映像や写真には、その表現物の宿命として、そういう感覚誘発装置が自ら備わっているということだと思います。私はそれを、永遠の一瞬を感じることの陶酔、あるいはそれはもう失われているという無常さを、その残酷さが、何か人間の心に名付けようのない、寂寞感や、恍惚感を生むんじゃないかなって思っています。この「プンクトゥム」感覚の説明をもう少しします。

これは動画じゃありませんけど、写真ですが、グリフィス監督の有名な映画の一場面です。今では当たり前なんですけども、人物を後ろから逆光で照らして、顔にはソフトな光を当てる。特に女性に関しては。そういう工夫で姿や表情をとても美しく見せるという技法、光の扱い方ですね。『散りゆく花』は人工照明です。『スージーの真心』は野外ですけど、これも同じような技法がロケーションで使われています。動画でお見せすると分かりやすいのですが、この葉っぱの揺らぎ、葉っぱが光に輝いていて、風に揺らいでいる。あるいは地面の草が風に揺らいでいる場所を敢えて背景にして、この人物たちが何か重要な感情のやりとりをするという工夫。

実写劇映画の中の一場面一場面は、当然、本当に起こっていることではなくて全部作り物の嘘ですが、本物の場所を使っているし生きて動いている人間が演じているので実写映画の世界っていうのは嘘なのに本物のように実感できてしまいます。しかし、アニメとかCGとかVFXなんかは、はっきりと本物ではなく嘘で作られていると解りますね。でも、だからこそ、こういうリアルな感覚といいますか、本物らしさ、嘘だけれども人間の心

グリフィス映画一場面
人工光　「散りゆく花」(1919年)

グリフィス映画一場面
自然光　「スージーの真心」(1919年)

が気持ちをつかまれる、理屈抜きに気持ちをつかまれる日常感覚というのを、いかにこの創られた嘘の世界にさりげなく入れ込めるのかというのがとても重要なんです。嘘の表現が、観客との心と心の「内的対話」をするためには。

たとえば、アニメの宮崎駿監督がよくおっしゃっているのですが、「重力を感じさせろ」というセオリー。もちろんアニメのペラペラの二次元の紙の上には、現在であればＰＣデータ上で描かれた絵や映像には、もちろん重力なんかはないんですけども、観ている人に物理学的な重力を感じさせる工夫。私たちが日常で無意識に感じている、世界が生きて動いている、変化しているというリアルな実感を感じさせること。つまり、そういう感覚を感じさせろということです。

それから、これ、非常に有名な写真なのですけども、現代のイケメンを撮ったような写真としても十分に見れる写真です。この人の目、非常に涼しい目をしていて、すごく心をつかまれる写真なのですが、実はこの方は一五七年前に亡くなっている人で、死刑囚だった方です。非常に有名な写真です。

私、この人の写真を見ると、ジェームズ・ディーンとかリバー・フェニックスってご存じでしょうかね、若くして亡くなった非常に素晴らしい役者さんたち、それからカート・コバーンという、これロックミュージシャンですけども、やはり若くして自殺した方ですけど、あとレーサーですが、大好きだったアイルトン・セナ、現役で大活躍していた時から非常に悲しい、涼しい目をしていた方でしたが。

この人たちを写真や映像の中で見ると、ジェームズ・ディーンは私が映画を見始めた時には既に亡くなっていて、世界中で人気が大ブレイクする前に自動車事故で亡くなった悲劇の伝説の映画俳優、スーパースターだったのですが、今、名

Lewis Powell　27 April 1865

前をあげた方々は、いつも何か、遠くを見ているような眼、表情をしていて、この人たちが見ているものは何だろうというのを感じる度に、ギュッと胸を締められる感覚が襲ってきていました。

この写真の人はリンカーン大統領の暗殺計画に関わっていて、側近の国務長官を暗殺しようとして失敗、逮捕されて死刑囚になり、処刑されています、二一歳で。その二カ月ちょっと前に撮られた写真で、その事実を知らなくても何故かとても心を打たれる写真です。

この人がしているような目、涼しい目、二カ月後に迫る自分の死のことを知っているとは思えないですけども、まもなく自分は死ぬだろうということを見ている目といいますかね、それが僕らの心に理屈抜きに深い共振を起こす。私はそう思っていますが、たとえばそういう共振の感覚のことを「プンクトゥム」という風に理解しています。

これは映画が持っている非常に重要な表現力です。写真表現の力でもありますが、映画にも特に重要な力だと感じています。創り上げられた嘘の世界である映画に、ただの光と影の幻影である映画に、不思議な生命力、観ている人の心を震わせる魔法を与える要の力ではないでしょうか。

グリフィス監督というのは、いち早く、この不思議な表現力を、しっかりと重要な映画表現力として取り入れた達人でした。この、映画ならではの表現力を常に意識して、非常に注意深く繊細な狙いを持って取り入れ、作り物に命を吹き込み、画面にリアルさと共感力を与えました。たかが単なる作り物の嘘のお話しなのに、その嘘の世界が、この「プンクトゥム」という仕掛けによって、それを観ている人間の無意識的な本能に強く訴えかけてきて、「内的な対話」を促し、かけがえのない感動を生むための、魔法のスパイス、触媒になったと思われます。

監督作「水の中の八月」の映画表現

ここで『水の中の八月』という私の監督作の表現について少し考察したいと思います。

今回の講演会のテーマやお話しの内容と関わりの深い作品だと思えるので、お話しの合間合間に、部分的に上映をさせていただきました。

福岡市内で全編を撮影した映画です。公開は一九九五年ですが、撮影はその前年なので三十年前ですかね、福岡市は渇水の年でした。この映画を作る際、一年間以上に渡ってでしたか、住民票も福岡に移して家族と共に暮らしながら創作に挑んだ訳ですが、そうやって自分が生まれ育ち一九歳で上京するまで、とても濃い時間を過ごして自分を育ててくれた、ここ福岡市の環境、主に博多区ですが、その原体験を身体感覚として再び、身心に蘇らせ、染みこませていきながら、その時点の今、この映画を撮らなければ永遠になくなってしまう色々な環境、風景や人の感触、街の匂いや空気感のようなもの、私を創り上げてくれた確かな真実の宝、それが映画表現として普遍性も持ち得る、つまり映画の受け手の方々との貴重で大切な「内的対話」ができる、また大切な「プンクトゥム」を生み出す要になると信じて、映画創作に打ち込んだのが、『水の中の八月』という映画でした。

私も自作の中でもとても好きな映画で、映画を観てもらえれば、私のこういう解説的なお話しなど必要ないと思うんですけども、本日お話しをさせていただいていることを念頭におかれて観ていただいても、また別の興味、面白さを発見できるのではないかと思います。

実は、この『水の中の八月』という映画を監督として取り組んでいる時、撮影していた当時には、本日のお話しのメインである「内的対話」、「プンクトゥム」、「モンタージュ理論」等について、私には詳しい知識やテーゼはほぼありませんでした。

とても面白いことに、この映画の撮影にあたっては、むしろ、私が毎回の映画創作に挑むにあたり、必ずかなり綿密に行う場面のコンテ割り、モンタージュの組み立てを、一切捨て去ることを標榜していました。前もってどう撮るかを全く決めることなく、つまり作為を捨てて、目の前で起こることの魅力を、ぶっきらぼうにとでもいうのでしょうか、ただ素直に愚直に直覚的に見つめて、しっかりと記録したいと決めて挑んでいました。敢えて言えば、それは私がイタリアのピエル・パオロ・パゾリーニ監督のいくつかの作品、たとえば『アポロンの地獄』（一九六七）とか『テオレマ』（一九六八）などですが、それから受けていた撮影手法、世界との対峙方法の印象を、頭の片隅に置いていたように思います。作風やテーマは完全に違っていると思いますが、撮影に挑むに当たり、映像で世界を切り取るにあたり、作為を捨て去り即物的な撮り方、作為的なモンタージュを捨て去ったような撮り方でしか捉えられない世界の重要な真実の抽出、その連続体によってしか描き出せない詩的な真実にあふれた映画世界を撮りたい、紡ぎたい、観たいと強く願っていました。

自分が本当に大切に思い続けた世界の現出を前に、あうんの呼吸で共闘できていた笠松則通カメラマンや優れたスタッフたちの熱の籠もった仕事、当時新人だった俳優たちの瑞々しい存在、非常に多くの地元の方々の多大なご協力も相まって、この『水の中の八月』という映画は様々な化学反応を引き起こし、今でも世界中に、私が全く知らなかった多くの国の人々に、新たな支持者を生み出している、永遠の今を生きることができています。

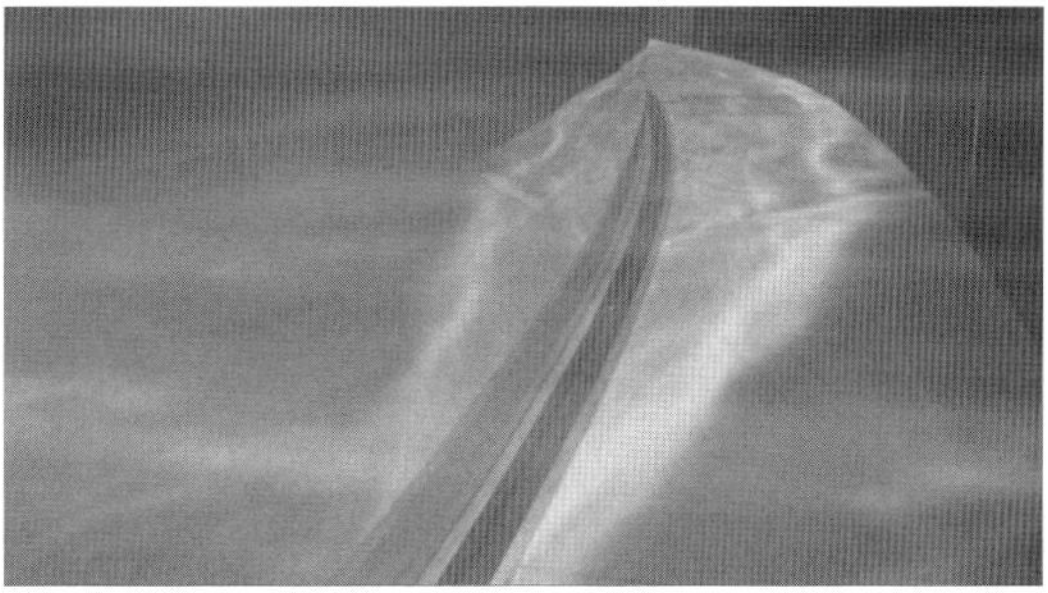

そしてこの事実は、まさに私に、映画の持つ「内的対話力」、「プンクトゥム」、「カメラアイ」、「モンタージュの力」といった基本的で最重要な表現力を、強く考えさせるに到ったのでした。

いずれも『水の中の八月』より

Ⅲ　無意識下のエネルギーとの対話

内的対話と人間の無意識の奥

はい、これから、本日のメインのお話になっていきます。映画の「内的対話」ということについて、お話してきましたけども、私は「内的対話」という考えは、創作活動だけに限らず、実生活においても、とても大切な考え方になってきていると思っています。もの言わぬ「内的対話」、そして「内的」ということを外した、人と人の「対話」ですね、そのことについても、ちょっとお話しをしておきます。

この図を見ていただきたいのですが、これまで私は「内的対話」を「作り手」が「表現物」を介して「受け手」と「心と心の対話をする方法」としてお話しをしてきました。しかし、それだけに留まらず、自分が創作に向かう時の精神状態としての内的対話、つまり日常社会生活の中では本格発動していない創作をするもうひとりの心の奥の自分との対話。また、映画というのは独りの力でできるものではなくて、役や演技をクリエイトする俳優さんたちを含めて、作品の規模に合わせてたくさんのクリエイターたちとの共同作業で創り上げるものですから、一緒に表現を作っている創作チームの人たちとの、直接の対話だけではない様々な「あうんの呼吸」的やり取りを含めた内的対話。そして観客の皆さんとの内的対話もあるわけです。

また、このような創作時だけではなく、慌ただしく雑情報で溢れかえった現代生活の実生活の只中にあっても、私は、この自己との対話、自己との「内的対話」が、ますます重要になってきていると感じます。できるだけ、実践しようとして努力し

もちろん、内的対話だけでなく、「対話＝真のコミュミケーション」は非常に大切

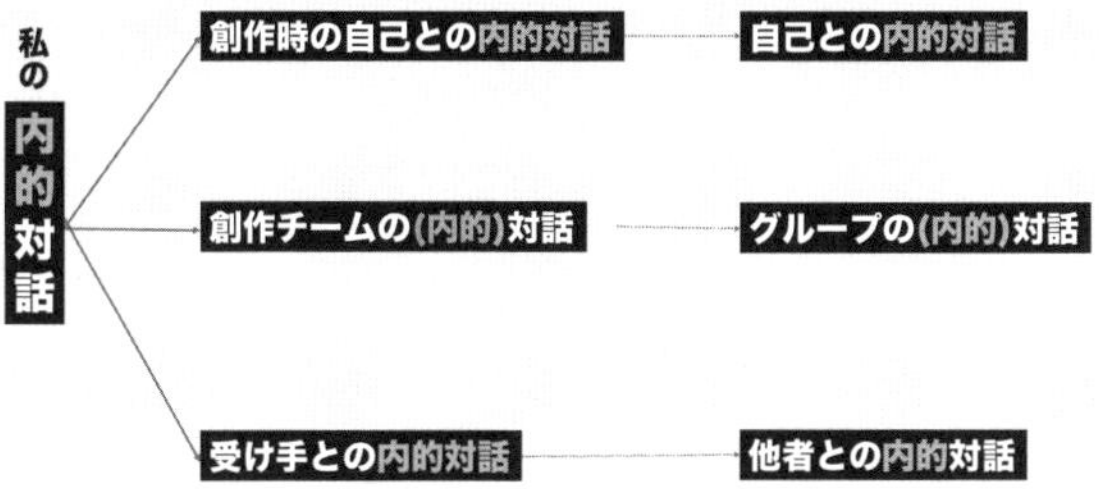

表現を考える時の私の頭の中

もやもやのアイデアやイメージ

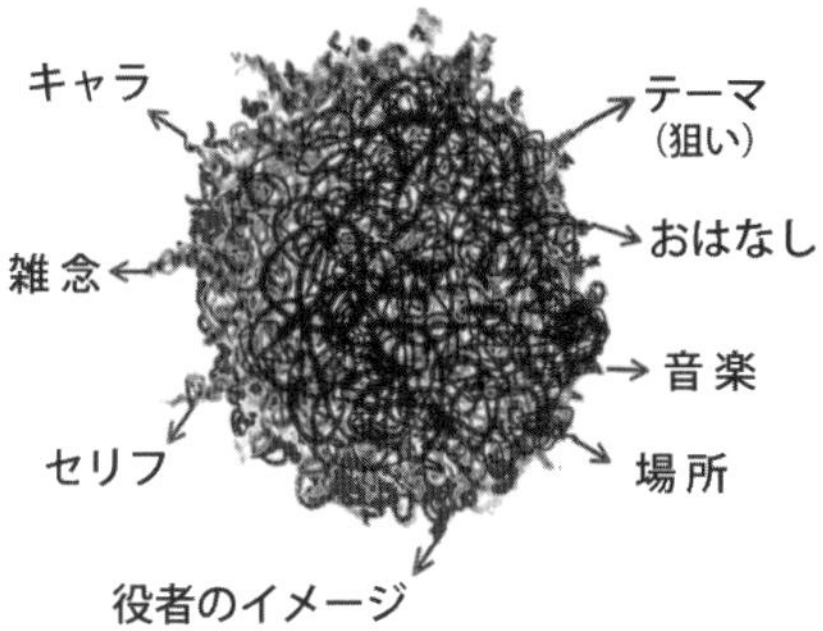

ています。

どういうことかというと、自分の心、意識を、冷静に醒めた距離を持った眼差しや感覚で、見つめ直すことです。

また、自分と自分を取り囲んでいる周囲、環境や、社会、外界も同時に冷静に見つめ直すことです。

自己表現や他者も、全て冷静に見つめ直し続ける行為を意味します。言い換えれば、遠くからのまなざし。自分とか他者を見つめる冷静な距離感の獲得ということかもしれないです。もう少し詳しく説明いたします。

私が表現を考える時は、頭の中はいろんなアイデアとか雑念、妄想でいっぱいになって、ぐちゃぐちゃなんですけども、大事なことをまとめるためには、表現の核というのが必要です。テーマ・狙い・目標・コンセプト。生命も同じですね。核がない卵は育たない。ノイズを除去して重要なことをまとめること。

映画創作というのも、人間の心や社会の在り方と同じように、41ページの下図は映画創作の全体図ですけども、ものすごく複雑多岐でカオス系なのです。マニュアルどおりにいくはずがありません。人間と人間が創っているものなので、いろんなことが起こり、それに対処して、解決と成果を求めるということが必要です。

私たちの実生活も、現在は特に、資本主義の高度情報化がどんどん進む社会ですから、いろんな情報が飛び交っている。発する側は情報がたくさんの人に届き心を掴んで「いいね」と評価して貰いたいと必死だし、売る

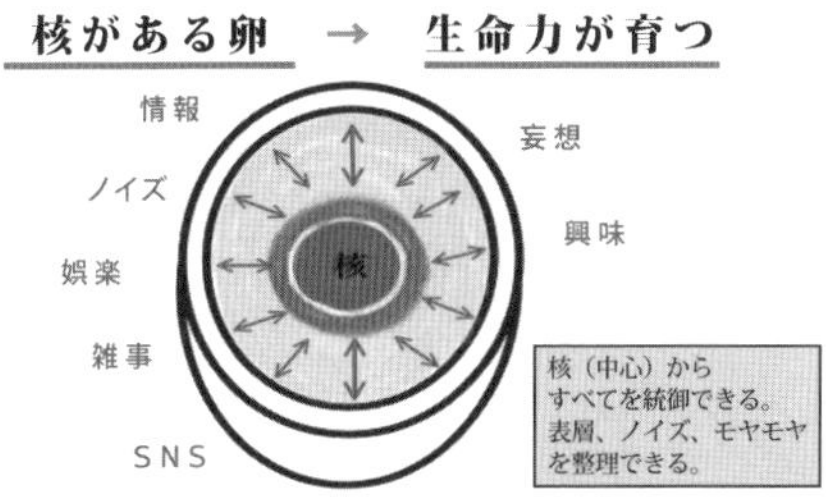

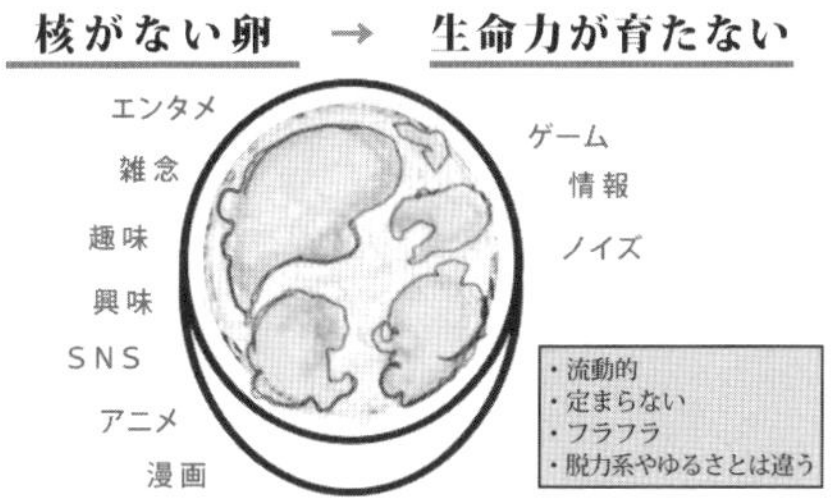

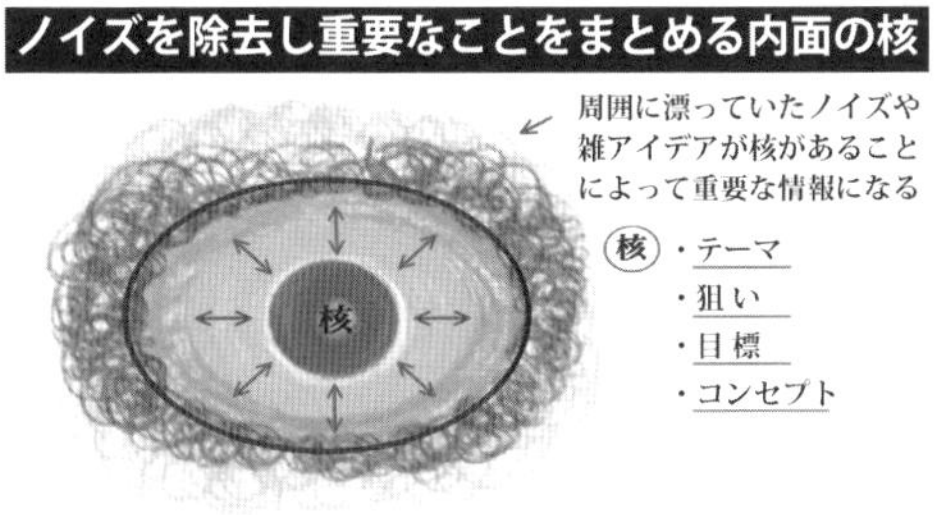

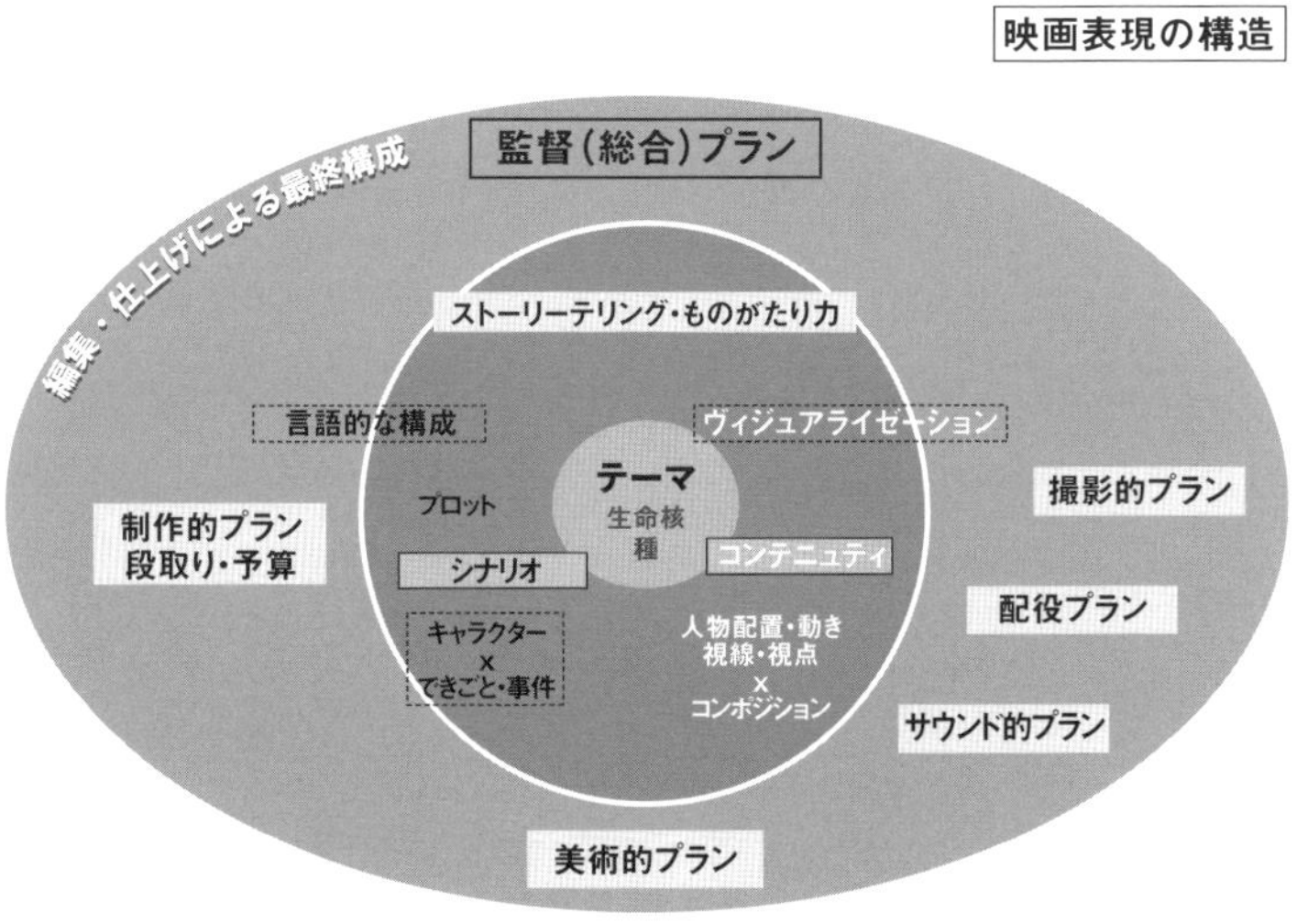

現代社会と同じように複雑系、カオス系である映画創作

側は自分たちの会社の商品をしっかりと買って貰わないと会社は成り立ちません。だから、心を掴むキャッチーな情報やモノや表現が常に無尽蔵に飛び交っています。

何がよいのか、これもいい、あれもいい、いろんなことに次々に興味をひかれ心が惹かれ意識が持っていかれます。気になる情報にちょっと集中していると、時間はあっという間に過ぎていきます。飛び交って自分を包み込んでいる情報に対応するだけで、もう精一杯で、自分が、本当は、一番何を欲しいのか、何が大事なのかが定まらなくなります。

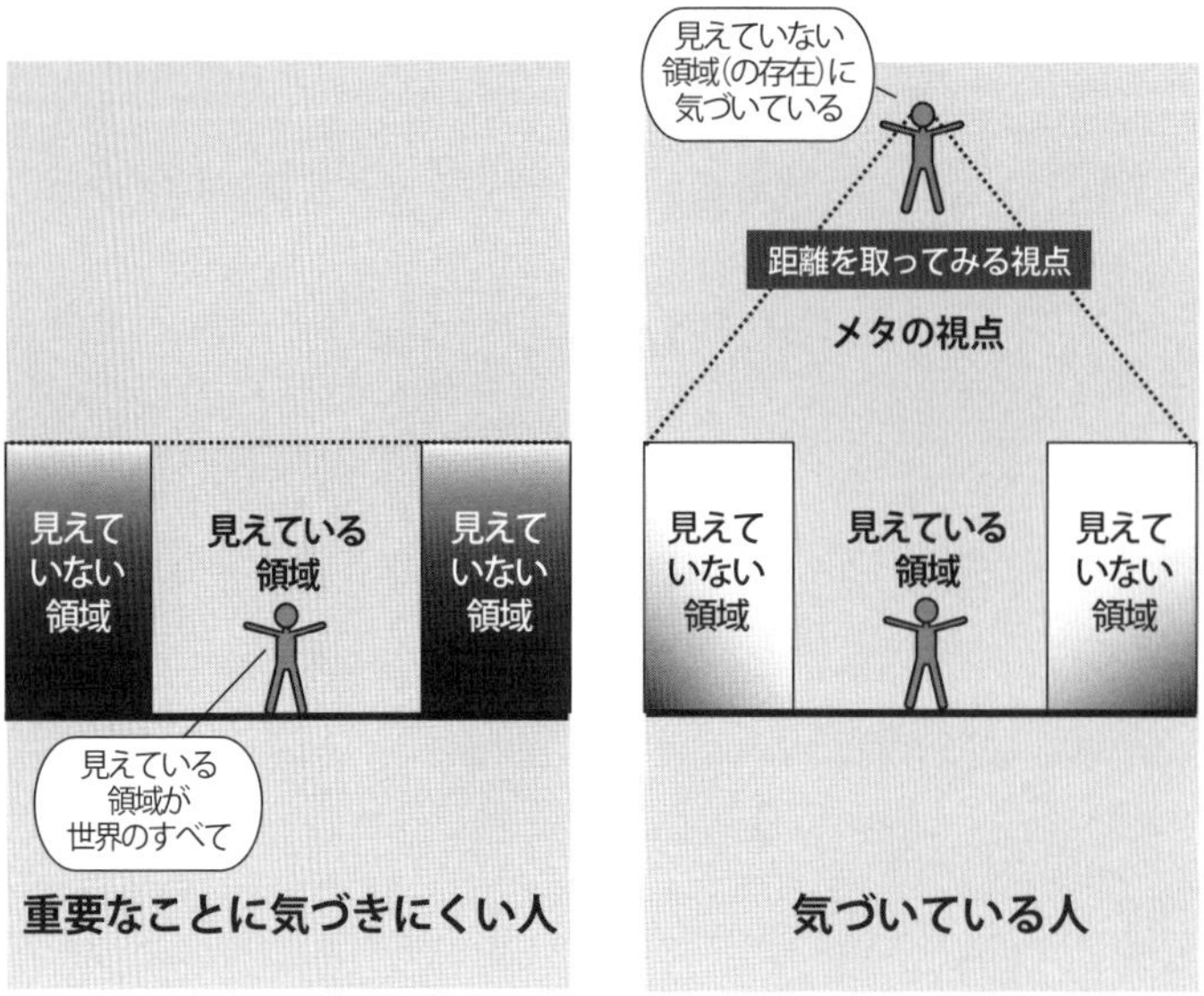

このような状況に対応するためには、時には、少し、冷めた視点から、自分や自分の心を見つめ直す必要があると思います。ほんの少しでも頭を空っぽにして、何故私はこれやりたいのかを、自分の欲しいもの、大切な時間の使い方などの大事なことの順番を考えるということ、これを私は、「自分と自分の心との内的対話」というふうに呼んでいます。

たとえば、自分が、今、実際に見て理解している領域、知っていて信じている常識や知識が全てで、それが絶対に正しいと信じているとします。

上の図版にも書いてありますけども、実際は、私には見えてない領域、感じられない世界もしっかりと存在しています。しかし、私には見えていないから、信じようがない。この状態、この自分の状態を、距離を取って幽体離脱したような状態のメタな視点で、自分を他人のように冷静に見るのです。

自分に見えているものと見えていないものは何か、また、自分という存在は、今、この世のマップのどこに居て何をしていて、これからどうしたいのか、どこに向かっているのだろうかという、自分と自分の心の座標軸を、少し冷静に見てみるのです。これが、今、非常に、重要になってきていると、私は思います。

また、あることについて、「自分は知っている」と思ってしまえば、その「あること」についてはそこから先にもう思考は進まない、思考は停止状態になってしまいます。自分は、実は「ある一面」だけしか知っていないのではないか、「知っているつもりだったけれども本当に知っていると言えるのか？」というような疑問が起こり、自分が完全に知っている訳ではないことを知るようになる。それが、「無知の知」という考え方です。

「無知の知」、これはギリシャ哲学者のソクラテスという偉人の考え方ですけど、知らないから学ばなければいけないと、知らないから知りたいと、そして、どうしたら知ることができるだろうかという、そういう思考のメカニズムを起動させることの重要性を説いています。

めんどうくさいことは考えたくない、という自分のズボラな考えにハッパをかけるために、私は、「無知の知」を反芻します。

世の中、本当にわからないことだらけなので、知らないことが多くても恥ずかしことではない。むしろ、よく知らないのに知ったかぶりをすることや、確かではない情報を鵜呑みにして、知ったつもりになっている方が、よっぽど怖いし恥ずかしいのではないでしょうか。そして、ギリシャ哲学では、ソクラテスの弟子であるプラトンが、その後の西洋哲学の重要な概念となる「イデア」を作り出しました。

私は、この世界には知識だけの理解、理屈だけの理解、常識的な分析的な言語だけの理解だけではない捉え方があると思っています。たとえば、言葉の意味を知らないで、あるいは知っていても、言葉や概念に固定されてしまう自分の観念や知識を一旦ストップさせて、ただ見て、触って、感じて、確かめようとする赤ん坊のような「触覚的」な、「原始身体感覚的」な理解に繋がる物事の感じ取り方、知り方、そういう感覚的な、外界や環境や人やものの捉え方、感じ方、理解の方法があると直観していて、それを、最初の八ミリ映画を撮る時から、カメ

プラトンのイデア論

プラトンのイデア論は、この世に見えるものはすべて本質的なものの影であり、真の本質は「イデア界」（＝仏教の「空」、ボーム博士の「内在秩序」、統合心理学の「トランスパーソナルセルフ」的なもの）に存在するという考え方。

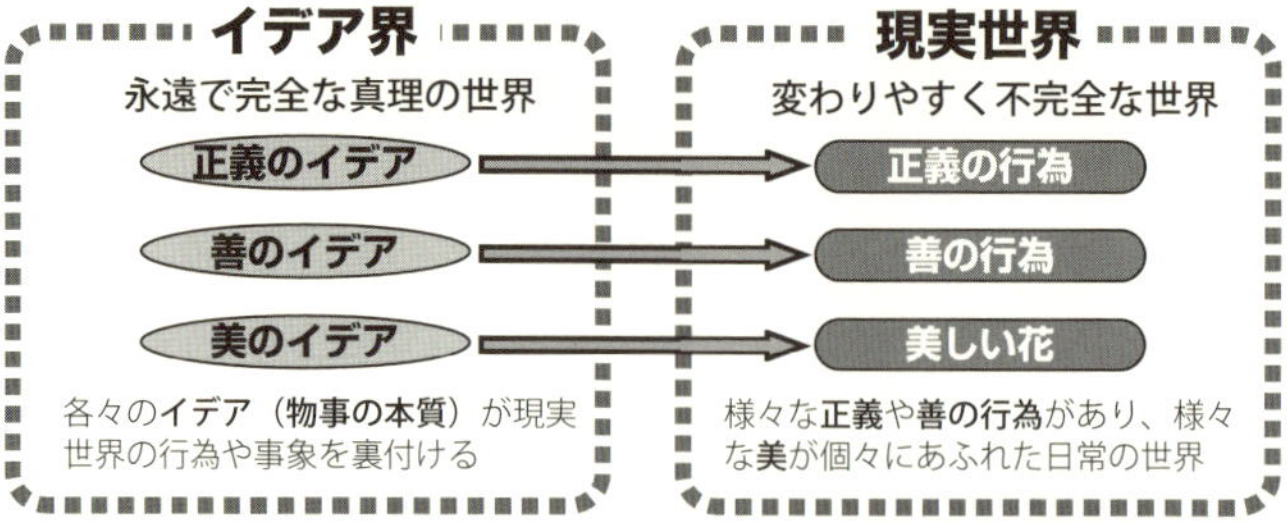

イデア論を示す「洞窟の比喩」

生れながら洞窟の中で、壁（B）を背に囚人のように縛りつけられ身動きができない状態である（A）。目にするのは、壁の向こう側を行く人々（D）が掲げる「物」を、洞窟内に灯る光（C）が照らし映し出された影(E)、耳にするのは背後から聞こえてくる人々が歩く足音や話し声だけ。それが生きてきた世界のすべてだ。洞窟の中で閉じている我々（主観の世界に生きる）が、背後の火の光によって壁に映る影絵（バーチャルな妄想世界）を現実世界の実体だと思い込んでいる。しかし真の世界の光（善のイデア）はあまりにも眩しく、もし誰かがそれを見て伝えても洞窟世界の他者には信じてもらえない。プラトンは人間がイデアの影に惑わされることなく、真の知性によって、イデアの真理を求めなければならないと主張した。

＊イデア＝アイデアの原語

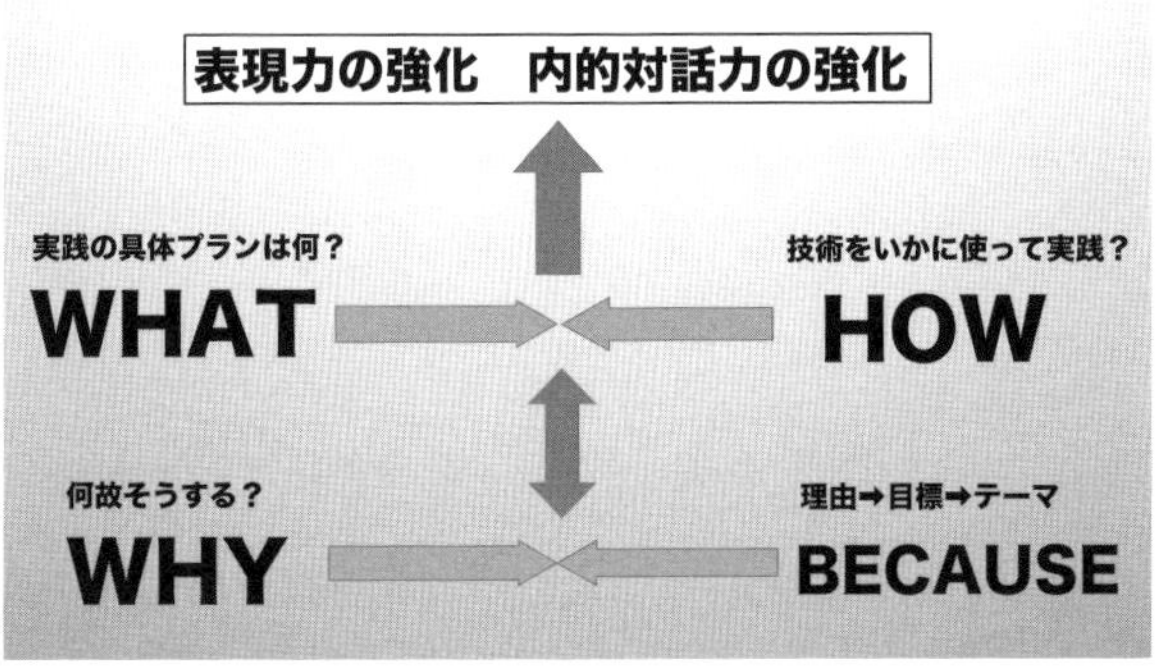

ラを回す時から、映画表現に取り入れたいというふうに願っていて、それこそが、映画的な映像が持つ大きな力、表現力ではないかと感じていました。それを一貫して映画創作の時は、最初の構想から、撮影時や、編集仕上げに至るまで、心がけて実践してきました。

自分にとっての（決まり切った常識的な）理解を越えていて、自分がとても気になって、大切で、より理解を深めたいと切望しているある種の考え方や、謎の在り方や、テーマを追究する方法を、既成の理解や論理で、決して分かったつもりにならないように、裁判のジャッジのように善悪や白黒を判断するのではなく、善悪の境界が曖昧な事柄、謎や疑問に対して、迷って迷って、その向こう側を探す映画独自の「ものがたり」と映像、音響一体となったトータルな映画表現の力で、自分にとって大切なものについて、もう一度それを問い直すという考え方が、私の映画創作の根柢にあり続けました。

さらに言うと、自分の考えをより強くするためには、常にその考えをもっともっとと掘り下げる必要があります。

何故大事なのかと考える。そして、「何故なら…」という答えが出たら、それを更にしつこく、もう一度掘り下げる。「何故？何故？何故？……」と掘り下げていくと、自分の心との内的対話力をどんどん鍛えていくことができるように思うのです。

これは、映画表現に限らず、あらゆる表現に共通で重要な、創作に向かう姿勢の在り方だと思います。

何故それが大事なのかの話をこれからします。人間の意識というのは、この氷山が人間だと思ってください。人間の意識の在り方の象徴としての図で、八分の七は無意識です。隠されているし、普通は使われていないですね。それがあるとわかるのは、眠っている間に夢をみる時とか、突然、アイデアが閃く時とか、なにか予感がしたり、デジャブ（既視感）を感じたり、意識していないのに、何かの記憶が突然蘇ったりする時です。

人間の無意識の層というのは非常に複雑で、とてもたくさんの階層があって、この無意識の入り口の真ん中に、普段はあまり感じませんけども、一番、自分という存在の本当に大事なもの――「魂《たましい》」のような自分という存在の本当のコアな本質の部分で、統合心理学の専門用語で「セルフ」とか「パーソナルセルフ」といったりするものです――があり、その周囲に、或いは奥に、自己の影の存在、「シャドウ」とか「コンプレックス」などと呼ばれる、自己の分身的で隠されたネガティブな影の人格がある。先ほど映画の誕生の同時期に発生した精神医学の先駆者として紹介したカール・グスタフ・ユング博士のネーミングです。彼の研究所で学び、彼の考え方を日本に紹介した河合隼雄さんは、ユングの研究を日本人の心の状態に合うようにアレンジして、ユング的な心の治療法の普及に尽力され、「箱庭療法」の日本への紹介者であり、幾多の著名な著作も残されています。

この「サブパーソナリティ」の領域は、個人の資質によって大小、組み合わせも多岐に渡りますが、いくつかの影の人格、次元の低い動物的な本能的な無意識も含み、生き残りたい生存本能が促してくる利己的な遺伝子が投影された記憶なのかもしれませんが、この影の人格は、多かれ少なかれどんな人間にも必ずあります。

そして、この無意識は、表面的な自分という個の存在層を越えて、さらに奥に、たとえば家族や親戚一同といった血縁関係に共通する無意識の層に繋がっていき、またそれが、地下水脈が地中で自然に他の水脈と繋がってゆくように、近しい縁で結びつく集団の共通の集合的な無意識、たとえば、地方や地域や同じ方言を使い同じ生活習慣を持つ人々の共通の集合無意識に、さらに大きく、同じ民族や、同じ言語を使用する集団に共通の集合無意識にと、どんどんどんどん、深く、広い、共通の無意識として繋がっていく。

意識を水にたとえるなら、地上や天空からの水の流れは眼に見えますから、いわゆる表面上の日常意識で、地下に染みこんで我々の眼には見えずに流れている水というものは、地下の奥深くで、より深くなるにつれより広く集合して繋がっていきます。地下深くなればなるほど、それは水というよりも地球のコアエネルギーによって熱された温泉、さらにはマグマのようなものになっていきますが、人間の無意識の繋がりもどんどん広くなっていくにつれ、より強いエネルギー、より人智を超えた不条理で強大な領域に入っていくと思われます。

人間の無意識はこのように、実は無限に、奥に、そして横にも繋がれるものだという、この無意識の階層構造の在り方、横断的な広がり方は「集合的無意識」と呼ばれていますが、それをユング博士が生涯に渡り、多角的に研究したのです。

私も、このユングと河合の考え方はとてもリスペクトして、自分なりに学んでいましたが、このユングの深層心理学の追究の流れを受け継いで、私にとってさらに分かりやすく、より有意義に感じられる体系にまとめてくれているのが、「統合心理学（＝サイコシンセシス）」という学問体系です。創設者はユングと深く親交のあったイタリアのロベルト・アサジョーリ（一八八八―一九七四）という博士です。この統合心理学の考え方を起こし、進化させ続けて、活発に活動されました。ご本人は、もう亡くなられていますが、この考え方は、主に心理カウンセリングの一方法として、世界中で普及しています。

このユング、河合隼雄、アサジョーリ博士たちの人間の意識、無意識の考え方の追究の流れは、私にとっては、自己の内面世界を掘り下げて、それを他者との「内的対話」を目指して、具体的な表現に定着させようと努力するための、創作表現への追究姿勢や、また創作ワークを用いて、自己の創造力や創作能力を高めたり、問題を抱えた自己意識への治癒効果が確かにある、と感じています。

個人的にこの考え方は納得できるので、自分自身のカウンセリングや、創作インスピレーションの発動のために、ここ六年以上に渡り研究をしてきました。

「統合心理学」のアサジョーリ博士は、人間は全員が多重人格的であると語ります。

根っからの悪人でない限り（そういう人がいるのも間違いはありませんが）、ほとんどの人間の普段の日常では、この「サブパーソナリティ」の領域は、比較的おとなしくしています。しかし、この領域こそが、時によっては私たちに心の苦悩を与え、不安にし、悪行を発生させる、影の別人格です。

いかにしてこの「サブパーソナリティ」を自覚し、監視し、その行方に気をつけるかが、重要だと「統合心理学」では説きます。本来は、人格のコアである「魂」＝「（パーソナル）セルフ」が、私たちの意識や言動をコントロールしています。しかし、たとえば、忙しくてまるで時間がない時とか、ストレスが貯まり過ぎて、あるいは怒り妬み憎しみなどで、感情が爆発的になる時、酒を飲みすぎたり、ギャンブルやドラッグやセックスなどに必要以上にはまってしまって、理性が薄れて、あるいは壊れて、通常の意識が非日常であるはずの「サブパーソナリティ」に取って代わられてしまった状態の時、その状態に囚われ依存してしまうと、完全に理性はなくなり、それへの危険な中毒状態になるものたちです。

理性が、普通に働いている時の、自分の本質の「魂」、「パーソナルセルフ」のコントロールを押しのけ、本来の自分の日常平常意識を乗っ取り、その人の影の人格の悪い部分が噴出してしまい、時に荒れ狂ってしまって、とても危険な状態をもたらすものです。

狂おしい無意識のエネルギーとの内的対話

ここから、自己との内的対話について少し詳しく話をします。理性を失い、酒に溺れる、ギャンブルやドラッグに溺れる、何かに依存する、あるいは怒りで心のコントロール能力を失う。

近年、怒りをコントロールすること、「アンガーマネジメント」がとても大事な時代になってきました。理性を失うと、この無意識の部分、普段は隠れているネガティブ感情の部分がこちらの本来の自分意識を乗っ取ってしまいます。これが大変危険。小爆発を「キレる」、その人の人生をぶっ壊すほどの大爆発を「魔が差す」とかともいいますね。

人間の、むき出しの、生存本能のネガティブな動物的部分、遺伝子の生き残り欲求を満たしたい本能に盲目になって、自分他人の迷惑など考えられなくなり、とにかく刹那的に欲求を満たすことだけにしか頭が働かなくなる。自分の欲望充足、自分の主観的な正解が正義、自分を守り、それを脅かすものを排除、攻撃するという本能的な「我欲」、その大噴出、暴走です。

この無意識の我欲の部分、そつなく日常生活を送る状態では隠されている影の人格、「サブパーソナリティ」の領域は、その人の持って生まれた天分や資質、また育った環境によって変わるものですから、その資質の差異や多い少ないという個人差はもちろんありますが、必ず万人が多様に、個別に複数持っているものです。

これが大きい、多いと感じる人は、特に上手にこれを見張って、付き合って、手なづけることが重要だと思います。私がそうです。

無意識の中の影の自分が、悪さをしないように防ぐ、いろんな方法があると思いますけれども、そんなことは気にならない、過去、そんなことに全く思い当たる節はなく、心や精神に全く問題を感じないという方は、人生をとても上手くコントロールできている方だと思い、とても羨ましいですが、悩みや、不安や、不満が何も無いという人は、ほとんどいないと思われますので、まずは、そんな影の別人格のようなものはあるはずがないと、綺麗事でこのことを無視するのは、危険なような気もします。

自分のネガティブな感情、理性を失った時に浮上しようと、影に潜んで、エネルギーを蓄えている本能的資質、その存在を確認し、監視し、上手に付き合うこと。距離を保って、しかし、それが自分にはどのように隠れているのか、自分の影の人格が陥るかもしれない危険な罠は、具体的にはどういう問題か、自分の意識、「魂」、本当の「核」は、本音の本音は、どんなことを求めているのか、何に共鳴しているのか、いったい何に共振したいのかを、時には、日常の雑然とした脳や心の活動、情報や思考を、一旦、遮断して、ちょっとだけ切り離して、自分の心、心の奥の本音、それを冷静に見つめることでそれは可能だし、コントロール不能への危険注意をできることだと、私は思います。

そして、さらに重要なことですが、これまで、無意識の奥にある自己本能の影の部分、「サブパーソナリティ」は、ここまではネガティブな感情だけとして、お話しをしていますが、この無意識の分類の考案者である「統合心理学」のアサジョーリ博士は、決して、それを、ネガティブで病気的な、削除すべき悪いだけのものとしては捉えていません。

フロイトからユング的な精神医学、臨床心理学的な考え方までは、一般通常では、この「サブパーソナリティ」は、人の心に悪い影響を与えるものという考え方が普通です。それは、ネガティブなものとして治癒すべきもの、あるいは消滅させせたり、押さえ込んだり、つまり病的な悪いものとして捉えられがちですが、たとえば、創作をするクリエイターにおいては、その煩悩の大きさ、悪さをする「サブパーソナリティ」の大きさは、その人の無意識の爆発エネルギーの大きさでもありますから、それを冷静に見つめて、大いなる創作エネルギーに転化できるもの、その創作者の資質、その人が元々持って生まれた、そして育った環境の影響を強く大きく受けている、大いなる影の特質性、とても個性的で可能性に満ちた能力だとも言えます。

それを有意義に創作に転化できさえすれば、逆に、その人の弱点や単なるネガティブな病気としてではなく、強い長所、特質、その人固有の強い独自のオリジナリティー溢れる能力に転化することが充分に可能だと、アサジョーリ博士は考えたのです。

この図（無意識のマップ）は、先ほどの意識の氷山図（46ページ）の上下を逆転して、高次の無意識をより高い方に置いて分かり易くイメージしていただくためですけれども、アサジョーリ博士の「統合心理学」の考え方では、

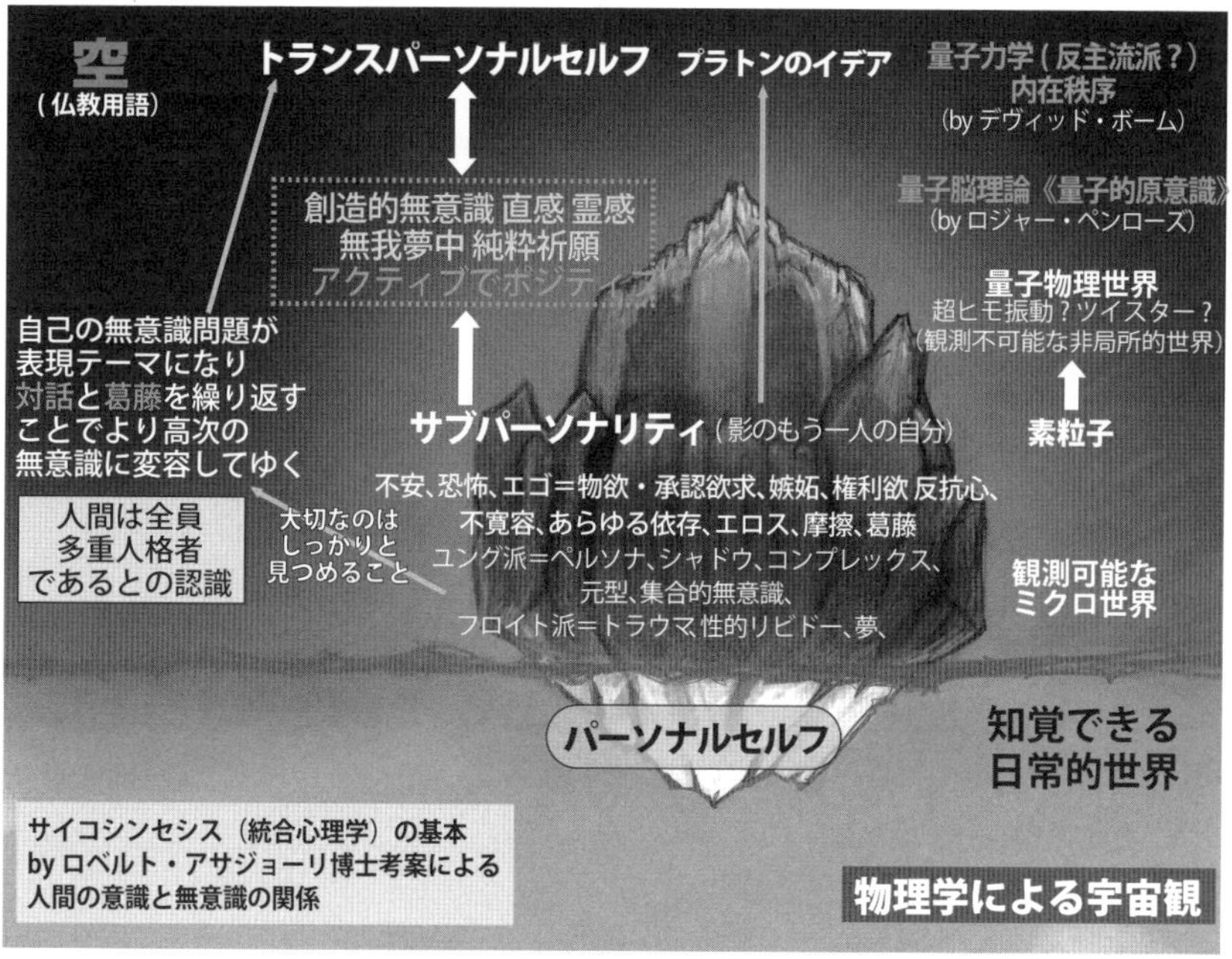

不安とか恐怖とか、煩悩ですね、誰でもが持っています。人間はみんな多重人格で、いろんな面がある、だからそれはしょうがない、それを無理やり切り離すということをすると、逆にリバウンドとして大変危険なことが起こりうる。だから「サブパーソナリティ」と、上手に付き合いなさいと、説く。

この時に一番大事なのは、この領域を正しく、冷静に見つめること、そしてしっかりと、自分の影の人格と内的対話をすること。自分にはこういう面があるから、あるいは、ちょっと理性を失った時にこれが悪さをするから、気を付けようと。表現に向かいたい人はこのエネルギーがすごく大きいと思います。私も煩悩の塊だと思うんですけども、だからこそ、エネルギーの有効な昇華の方法に人一倍に気を付けなきゃいけないということですね。

また、映画創作の話に戻ります。私の映画創りはずっとそうだったのですが、気になってしょうがないテーマ、その多くは、教育された一般常識や善悪や倫理を越えた彼方に位置する命題で、綺麗事では解決つかない問題です。それを見つめて、葛藤と内的対話を繰り返すことによって、それを創作の爆発エネルギーに変え、ネガティブで狂的な無意識エネルギーを、その彼方にある浄化的な無意識のエネルギーに向けて放射することで、より高次のポジティブエネルギーに転換、脱皮、昇華させることができるという実感があります。創作者として、これまでの自分自身の創作活動を冷静に振り返ると、私は前述のアサジョーリ博士の考えに激しく同意できるのです。

日本の古典文学、兼好法師の『徒然草』の中に出てくる有名な一説「あやしうこそ ものぐるほしけれ」という表現は、自分の心の奥を静かに見つめ続ける「内的対話」の果てに出てくる心の奥の内面状態の記述で、アサジョーリ博士が説くところの「サブパーソナリティ」の狂おしいうねりを指しているのだと私には思えます。

創作表現は、他者に何かを訴えることですから、笑いにしろ、エンタメにしろ、アートにしろ、他者に、それも不特定多数の多くの人に訴える工夫をするために、自分や他者の心や感情を掘り下げますから、この領域の無意識「サブパーソナリティ」との格闘というのは必ず起こってくる。それとの格闘、正しい葛藤、つまり有効な「内的対話」を乗り越えた時に、この先に眠っているとても大切な領域、それもまた、自分の一部であり、また自分を超えたものでもあるわけですが、この先のいろんなたくさんの可能性、広大な無意識の情報とつながれる、自分にとっても他者にとっても、多くのものにとっても、有効であるはずの、アイデアのもとが眠っているのが人間の無意識のゾーンです。

だから、この、ともすればネガティブ方向に爆発してしまう可能性も同時に秘めた、強く狂的な本能、衝動的エネルギーになる「サブパーソナリティ」との葛藤と「内的対話」が生み出す創作エネルギーは、意識的にポジティブな方向への方向付けが絶対に必要だと思います。

それが、自己の自我の赴くままの、欲望の充足だけにとどまるならば、私には、それはやはり、コントロール不能の、他者攻撃や自己攻撃の暴力性だけを帯びる危険を呼び込むし、逆効果にもなります。周囲にも、創った本人にも、酷い災いをもたらすものになるかもしれません。

創作表現というものが、「内的対話」によって、人の無意識の奥に溜まっている感情エネルギーに訴えかけ、共振させて揺さぶり、そのエネルギーを浄化方向への昇華をもたらすものに転化する触媒になるのであれば、他者の心に対して大いなるカタルシス的な浄化をもたらし得るものになり得る。不特定多数の他者を傷つける、心を傷つけるものではなく、不特定多数の他者の心に対して、とても重要な、創作表現の重要な資源となり得ると信じられます。

つまりその創作は、他者の心に訴える力があり、何らかの共振を起こす、他者との有効な「内的対話」の力を持っているのです。

トランスパーソナルセルフ、空、イデア、量子力学（内在秩序）

自分の心の奥を見つめる、内的対話によって、いろいろなやり方によって、自分の「魂」や「パーソナルセルフ」を見つめることは、たとえて言うなら、自分が無理なく行ける高い山の頂上や深海の奥のような場所へ行って、冷静に落ち着いて全てがよく見晴らせるその地点から、新たに、自分を、自分の心や意識・無意識を、日常を見つめ直すことです。

そこから、さらに奥の奥、究極の終着点にある、自分の心の潜在的な可能性の極北、全人類の心の奥と繋がり、この世の森羅万象、全ての生きとし生けるものと繋がる、深層無意識の奥、集合無意識の果て、それは「トランスパーソナルセルフ」と呼ばれる領域の、超意識との接続地点であると思うのですが、たとえば、地球上で一番高い山エベレストの山頂への登頂に成功して、そこから地球を見渡す境地のようなもので、もし、そこに至りたいと思い立つならば、その方法は、決してひとつではなく、ありとあらゆる方法があると思うのです。

なかなか困難な道ですが、自分に合ったルートを、冷静に、慎重に、選びとり、真に有効な情報や自己の身心の状態の把握も必要でしょうが、そのための準備を怠りなく心がけるならば、乗り越えないといけない壁は当然あるでしょうが、頂上にアプローチする道は一〇〇％開けるはずです。そこにあるのは、壁を乗り越えるのに必要な努力をやるかやらないかだけの違いでしかありませんから。

たとえば、呼吸法や瞑想や宗教的な個人修行法は、そのために太古の昔から追究されてきたのでしょうし、自分の心を沈めて、飛び交う日常意識、煩悩、数限りない雑念情報や妄想を沈めて、静かな心の奥、自分の心を探検して、さらにその奥へ進むということは、エベレスト登山が限りない危険性や不確定なアクシデント性に満ちているという事実に比べれば、誰にでも可能で開かれている非常に有効な方法かもしれません。しかし、低山登山や簡単な探検でも、安易に挑めば、危険やリスクは自分に跳ね返ってきますので、それなりに覚悟が必要でしょう。

51ページの図の一番上にトランスパーソナルセルフという、圧倒的な、全宇宙を形作っている秘められた元型みたいなのがあるんですけど、これを先ほどお話ししたように、プラトンは「イデア」と名付けていると私は解釈していますが、科学の最先端、量子物理学の世界でもそれから仏教の世界でも、このトランスパーソナルセルフやイデアと同じような概念を根柢に持っているのですね。ちょっと付き合ってくださいね。

物理学の世界では目に見えて観察できる物質、それは原子までで、いわゆる粒子としての物質なのですが、そこから先の極小世界、原子がどうやって作られているかということや、さらにその先になっていくと、もはや単なる粒子的な物質ではなくて、不確定な状態で、確率論によるエネルギー状態、今までの科学の再現性や実証性では語れない、新たな考え方による量子物理の世界観、ゾーンになってきます。

55ページの図の上から下までが九次元ぐらいあるらしいのですが、九次元の奥がどういう状態なのか、仮説は多々ありますが、基本的には観測測定によって確実な実体が特定できる古典物理学の世界感とは異なり、不確定性に満ちたエネルギー状態で、在るはずの素粒子の何か、仮に電子Aとして、その電子Aがどこに存在するのかを特定しようとしても、在ったり消えたりもするので、それがどこに存在するのか、不確定で分からないカオスな状態だと。しかし、ここがボンクラな私にはまだピンとこない点なのですが、確率論の計算によって一〇億分の一以上の誤差で、どこに在るのかは特定できるそうなのです。情報としては、天文学的数値の正しさで、確かにそこに在ることが特定できるエネルギー状態。計算はできるのですが、実際には、これがどこでどうなっているのかっていうのは、実態としては分からない。それが根本を成す九次元先の超ミクロ世界です。

この、この世のものの最小単位を扱う量子物理の世界は、いろんな考え方が群雄割拠していて、それこそ宗教

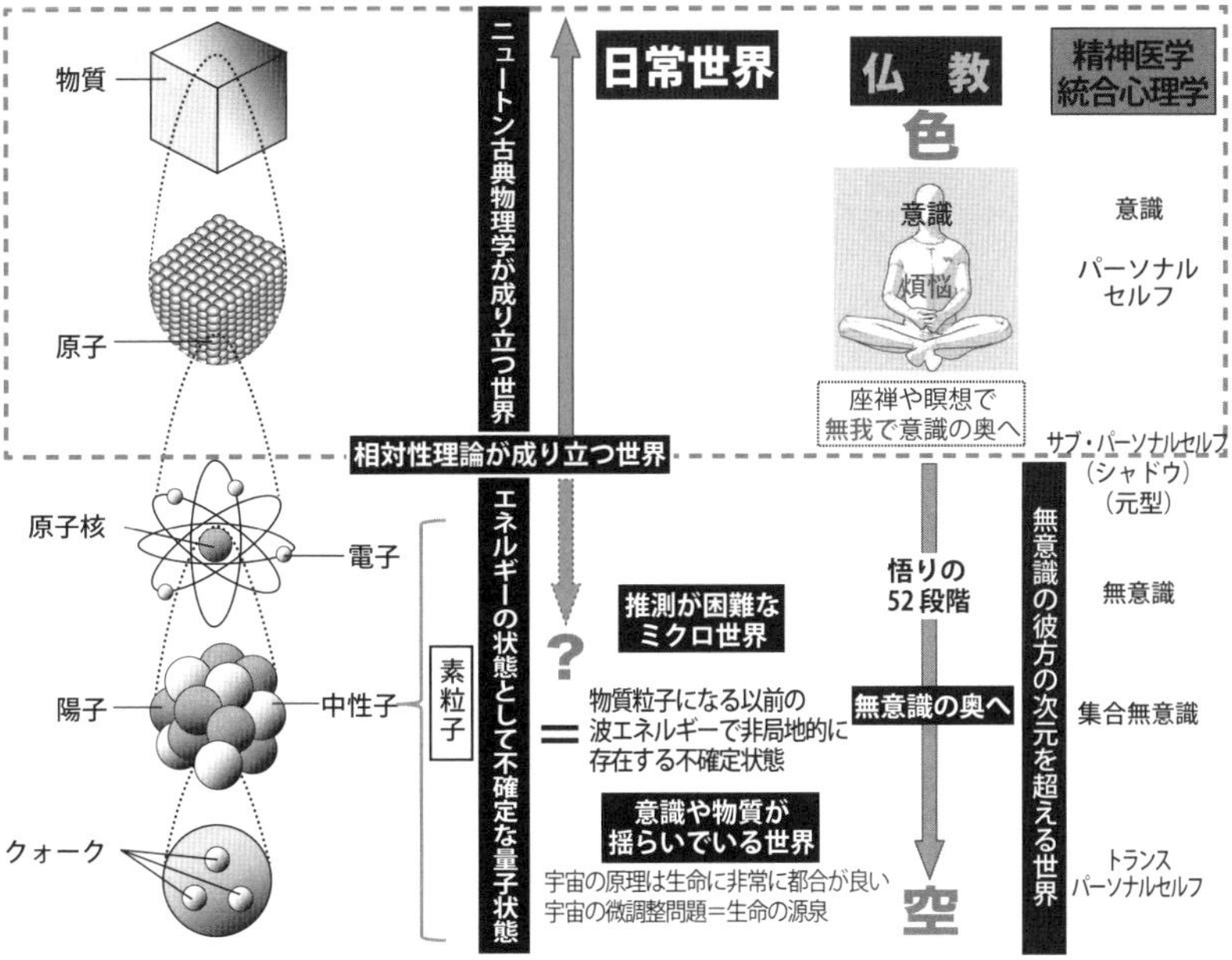

とかと一緒で、いろんな考え方があって、それが今すごく戦国状態みたいな状態で研究が続けられていますが、一つだけ、私が分かってきたのは、この宇宙っていうのは、いわゆる森羅万象の生命にとって、何故か非常に都合がよくできているということ。これは著名な日本の研究者の説ですが、「宇宙の微調整問題」と呼ばれています。

この宇宙は、この世は、何故かそうなるように宇宙ができあがって、地球上に生命が発生して、今、このようになるべくしてなっている、その方程式が自ずと生まれているという、謎の宇宙的現象によって成り立っているという説ですが、現代の物理学の理論では答えられない説です。

仏教ではこの宇宙の成り立ちの元の元、眼に見えない元型のことを「空《くう》」といいます。物質世界のこと、私たちの日常世界の現象のことを「色《しき》」といいます。「色不異空《しきふいくう》」「色即是空《しきそくぜくう》」というやつですね。これとこれは違うけれども同時に同じという考え方。これと統合心理学の考えも、ほとんど一緒なんですね、これ。仏教は科学と相容れない迷信的なものとして、近代科学からは長い間馬鹿にされてきましたが、この量子力学が近年、急速に進化してからは、仏教は科学者たちに見直されてきています。

ただし、どんな宗教でもそうでしょうが、仏教の宗派

物理学と仏教による宇宙循環論の相似

物理学的循環論

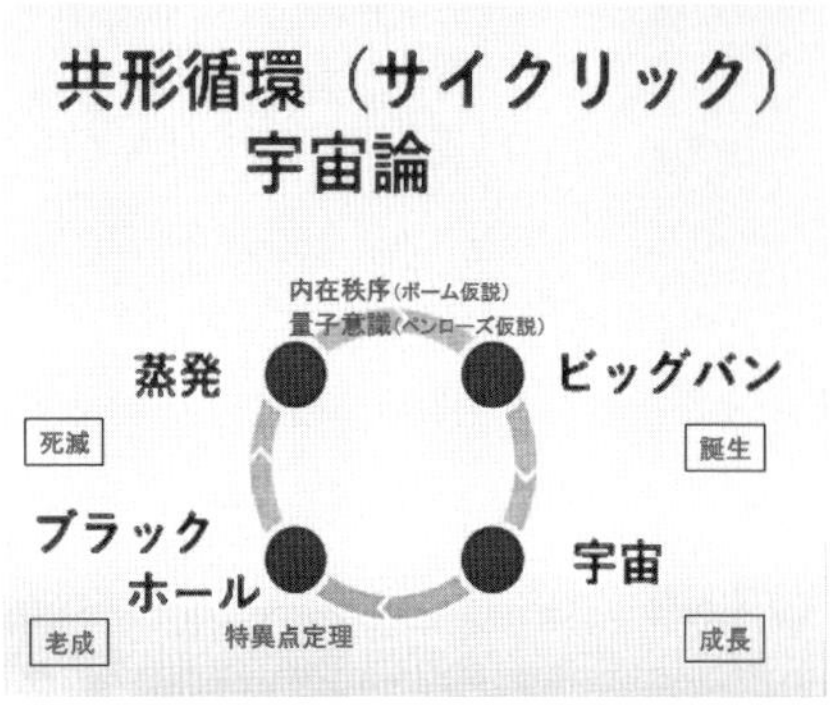

ロジャー・ペンローズ博士（2020年ブラックホール研究でノーベル物理学賞受賞）の仮説

仏教的循環論

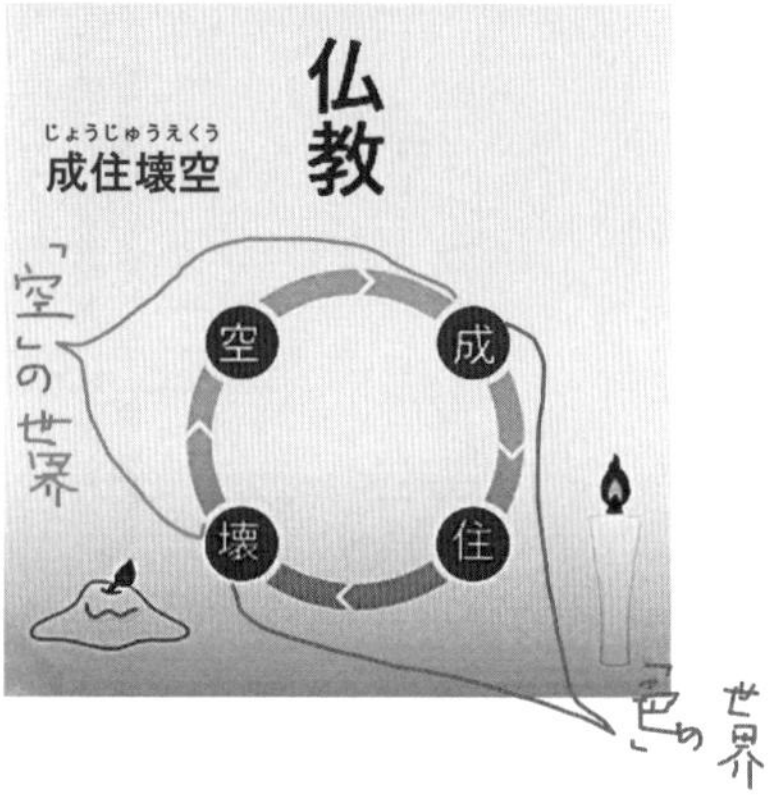

でもクエスチョンを感じる、偏っているのではないかと思えてしまう怪しく危ういものもあります。自分たちだけが正しいので他の宗教や宗派を認めず攻撃するとか、そういう考え方をされる方々は、私自身は、まず疑います。宗教や宗派は目的ではなく、あくまで自分の内面を正しく見つめ個人が心を磨くための方法、手段であると考えています。危険回避、危機管理の一助として念のために補足しておきます。

仏教の世界では、悟りに至る「悟りの52段階」というのがあるんですけども、とても私なんかここには至れないと思いますが、煩悩の塊ですから。

ただ無我夢中の境地になって、映画創作などを、我をなくしてしまって全身全霊で取り組んでいる、そのような純粋な状態の時には、自分の内面の一番深いところと「内的対話」ができているような気がしています。

観客の立場の時にもまた、映画を観ながら、その作品世界の中に同化させられて、我を忘れて没入して、思考が止まってしまって「無」のような状態になれる時、作品と深い「内的対話」状態に入ることで、楽しみながら、いつのまにか自然に、自分の内面を見つめてしまうような、そんな重要な体験をしていると考えています。

共形循環(サイクリック)宇宙論という物理学的循環論の考え方があって、これも仏教思想と最先端の物理学（＊）の考え方がいかに近いかということの一例です。（＊これは量子物理学ではなくアインシュタインまでの一般物理学の法則からの理論。著名な量子物理学者でもあるロジャー・ペンローズ博士の理論なので私も混同していました。ペンローズ博士が二〇二〇年に受けたノーベル物理学賞は故ホーキング博士と進めていたブラックホール特異点研究によるもの。この他にも人間の意識は量子状態から発生してくるという非常に重要な仮説「量子脳理論」の行方もとても気になるロジャー・ペンローズ博士です）

ビックバンで、宇宙が、命が誕生して、仏教では「色」の世界ですね、ここが今、私たちが生きている世界です。そして今度はブラックホールで蒸発して。で、ここに、蒸発した後もなくなるわけじゃなくて、原意識的なもの、内在秩序的なものがあるという。仏教でいう、ここが「空」の世界ですけど。こういう考え方、このロジャー・ペンローズ博士の考え方、一理あるけども、違っているんじゃないかっていう考え方のライバルの物理学者も多いんですが、私は非常に尊敬していいます

Ⅳ　表現活動における「対話」の重要性

現代の創作における内的対話が直面する問題

進化し続ける高速ネット情報化社会の加速は、血縁関係を越えて、趣味や志向による新たな繋がり、新たな集合的無意識グループの発生と再編成を促していると思います。

そしてそれは、人と人が直接触れ合うコミュニケーションによる「縁」の繋がりが薄くなることを意味します。その防御壁の喪失により、匿名性での他者への無差別な怒りの攻撃という、とても短絡的なネガティブな暴力の暴走を招くと同時に、一方では、血縁や民族や国や言語、年齢や性を越えた、新たな繋がりや関係性の発生というポジティブな可能性も生んでいます。

特に現代の日本社会では、公共的な表現物に対して、表面的な口当たりの良い共感、表面上の倫理の明快さ、わかりやすいヒューマンな共感というものが大変重宝され、求められています。

ですが、表面的に口当たりの良い共感や倫理だけでは解決が付かないネガティブなエネルギー、心の深いところに眠る人間の苦悩や煩悩、あるいは溜まりきって出口が閉ざされてしまって、着々と爆発の危険性を貯め続けている「怒り」のようなエネルギーは確実に存在します。

この様々な「サブパーソナリティ」領域の、溜まりきったエネルギーの水脈、深層に眠る共通無意識を、確かに、深く見つめ、あぶり出して共振させ、浄化する、そのような目的を、意識的に持った本物の意欲的な強い表現は、表面上の口当たりの良さや美しさ、なじみやすさなどとは相反する、一見、否定的で、とっつきにくい、ダークで、混沌とした、獰猛で反ヒューマンな装いをまとっている、まとわざるを得ないかもしれません。

大きな、自分が持てあますほどの無意識的エネルギー「サブパーソナリティ」を抱えている創作者にとっては、要は、自分の中にあるそれを冷静に自覚し、しっかりと見つめて、内的対話を続け、その上で、創作者にとって自分が大切だと思うテーマに対して強い個性や創造性を与えてくれる、「秘められた確かなエネルギー源」に転換させることができれば、それは、その「サブパーソナリティ」の巨大なマグマのようなエネルギーの可能性によって、必然的に、他者の心に強く訴えかける、真実の創作に大いに寄与するものになると私は思います。

ここで注意しなければならないのは、自分にとってはどんなに大切な真実の表現と信じていても、その創作や創作態度が、現実世界において、他者を傷つける意図が強い「犯罪行為」となるならば、それは欺瞞や善悪の在り方に対して問いやテーマを投げかける「必要悪」としての創作機能を逸脱してしまう。単なる「犯罪」、「絶対悪」となってしまい、許されることではないということです。

ただし、近年、ますます複雑で多種多様になっている個人の心の問題、社会倫理基準、宗教問題、各国家が定め守る善悪の法律の基準、心理の基準などは、日進月歩で揺れ動き、刷新される相対的なものであり、この微妙な領域については、今後ますます必要な感受性を敏感に働かせ、客観的な態度で判断と対応を心がけていかねばなりません。これは創作に限らず、その人が取り組んでいるあらゆる仕事、人間関係、生活や趣味、嗜好にも重要に関係していることだと思えます。

創作する人だけでなく、特殊な人だけでなく、日常、素のままの状態では眠っている自分の内面、無意識、影の人格「サブパーソナリティ」と「内的対話」をするには、ありとあらゆる方法があります。

無我夢中になれる状態、あるゾーンに入って、「我欲」、すなわち無意識の煩悩部分を忘れて、自分が純粋に無欲で取り組める創造的な表現、あるいはそれだけに限らず、日常の意識を脱しての純粋体験、例えば、旅をする、スキューバダイビングで未知の海に潜る、スカイダイビングをやるなどいろんな方法があると思うんですけども、自分の資質の中で、もし危険な「サブパーソナリティ」を自覚したのなら、それもきちんと一緒に取り込み巻き込んで昇華、変容させていけるような趣味、ポジティブに無我夢中になって没頭できる時間、ゾーンを、自分のために、自分だけの個別の「サブパーソナリティ」の有効な浄化と活用のために、試してみるのはどうでしょう。

そんなことは、なんだか、面倒くさくてややこしいと思うのであれば、一番、てっとりばやいのは、何も考えず散歩でもして、意識や感情を鎮めて、静かな時間を過ごすことです。

忙しい仕事や人間関係の情報処理に疲れて、ぐちゃぐちゃになった、すり減った、断片化してしまった心、意識は、少しでも良いから冷ませてあげるとすっきりします。

これについては、千差万別、様々なやり方があります。私はごく簡単な呼吸法を実践しています。マーティン・スコセッシ監督、クエンティン・タランティーノ監督、スティーヴン・スピルバーグ監督、デイヴィッド・リンチ監督、クリント・イーストウッド監督など、ハリウッドを代表する巨匠監督らは、ほとんどが瞑想法を行っているらしいのですが、私は、瞑想は日常的には特にやりません。

これについては、くれぐれもインチキなやり方とか、偽物の宗教とかにだまされないようにしてください。自分に合った、お金もかからない、感情や意識の鎮め方、有効な内的対話法というのが必ずあるはずです。だいぶ予定の時間を過ぎていますんで、まとめだけ、さくっとやらさせてください。大事なことだけ話します。

本日は、「内的対話」ということで話をしてきましたけども、日常では、実際にはあらゆる機会に、「対話」というものがあって、それも私はとても大事だと思っています。

「対話」は、映画の、ドラマの作り方でもとても大事な概念ですけども、このことは今回は省いて、日常における対話についての言及をします。この図で説明いたします。

会話というのはチャットですよね。仲良くなるというコミュニケーション。雑談ですけど、これはこれで、非常に大事なものだと思います。

議論というのは答えを出すために行うものです。どっちが正しいかっていうためにやるのですが、対話というのはこれらの丁度真ん中にあって、何か大事なことを浮かび上がらせるために、人と本音の意見を交わし合うということです。

私が大変尊敬していて、こういう対話を有効に行い、分断や環境破壊に向かう私たちの意識や社会を、対話の

ドラマにおける対話と会話

【ドラマを生むのは会話ではなく、対話】

ドラマを生むのは「対話」であって、「会話」ではない。
話題に対してお互いに持っている情報量の差が「対話」を生む

対話

ある事柄に対して持っている情報量が同じ同士の人間（親しい間柄、家族）は、お互いに知っている事柄に対する説明的なやり取りをわざわざしない。

この法則を無視して観客に必要な情報を与えるために情報を伝えようとする台詞を登場人物たちに無理に言わせると、とてもわざとらしい「説明台詞」でリアリティが無く、受け手・観客はしらける。ドラマで起こす「できごと・事件」に関する必要情報を観客に伝えるための台詞がリアルに聞こえるためには言葉を交わし合う人間同士の間に、話題になる「できごと・事件」に対する「情報量の差（知っている、ある程度知っている、まるで知らない）」が必要。この「情報量の差」を埋め合うために行われる言葉のやり取りがドラマにおける「対話」。

会話

「会話」というのは、親しいもの同士のどうでも良いやり取りで、ドラマを生まない。

平凡な登場人物たち、平凡なちょっとした「できごと・事件」からトークによるドラマを生み出すとしたら、関わる人間たちに、その「できごと・事件」に対する「情報量の差」や「目的の差」がないといけない。

日常における会話、対話、議論の関係

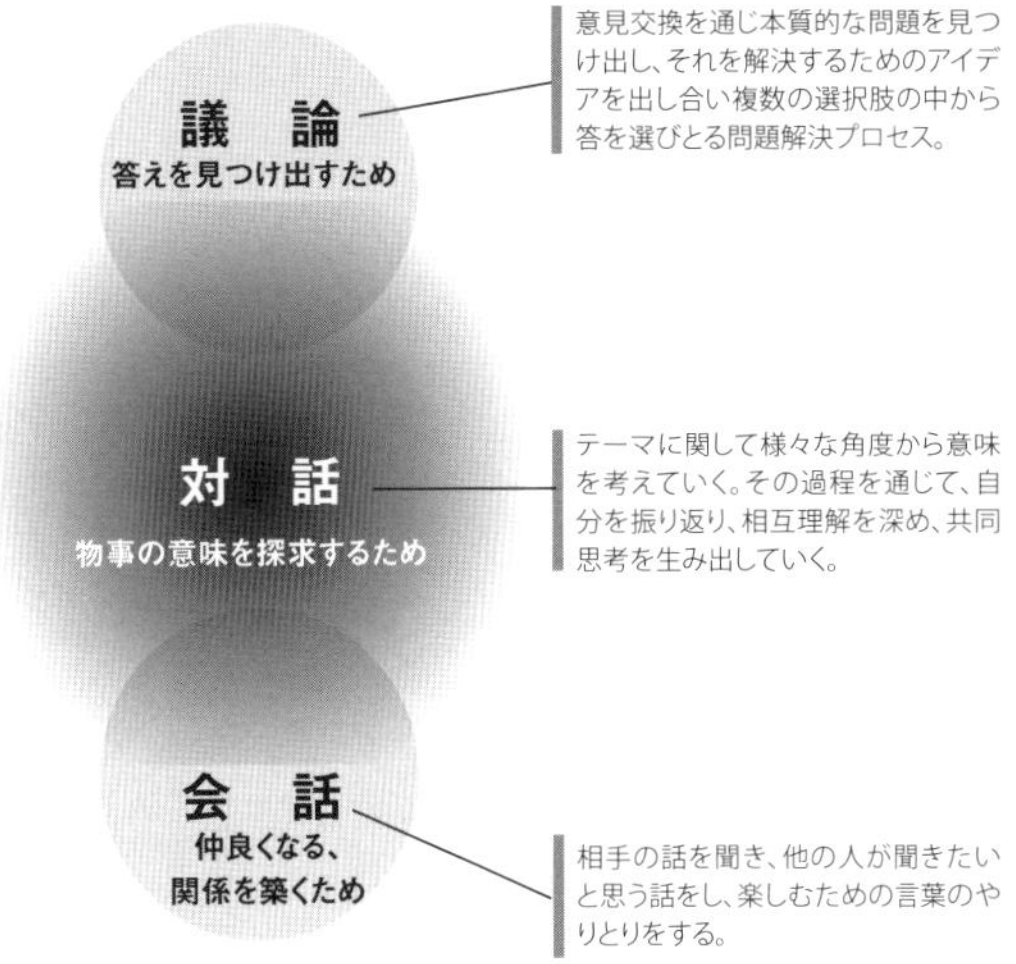
議　論
答えを見つけ出すため
意見交換を通じ本質的な問題を見つけ出し、それを解決するためのアイデアを出し合い複数の選択肢の中から答を選びとる問題解決プロセス。
対　話
物事の意味を探求するため
テーマに関して様々な角度から意味を考えていく。その過程を通じて、自分を振り返り、相互理解を深め、共同思考を生み出していく。
会　話
仲良くなる、
関係を築くため
相手の話を聞き、他の人が聞きたいと思う話をし、楽しむための言葉のやりとりをする。

力で解決に向かわせる究極方法をライフワークとして開発した科学者がいます。

物理学者として世界的に著名であったデヴィッド・ボーム博士です。既に故人ですが、オッペンハイマーやアインシュタインの弟子というか若き盟友だった人で、彼らと一緒に研究をしていた当時は、原子爆弾の開発に彼の研究が勝手に利用されてしまって、それで結果的にアメリカ政府と対立して、そこから、人間の思考方法の根本的な間違いをどう正すかの方法論的なことも探求し始めた科学者の偉人です。

このボーム博士は、アメリカを追われたのち、オッペンハイマーや量子物理学界の主流派の考えに相反する革命的な量子物理学理論を発表したのですが、それが完全に黙殺されたこともあり、彼は科学の限界を広げようと、宇宙の根源的な成り立ち、人間の思考方法の根本的過ちを正し、人間の創造性の拡張をいかにして図るか、また人と人の絶対的に有効なコミュニケーション方法を物理科学者的に、分析的に

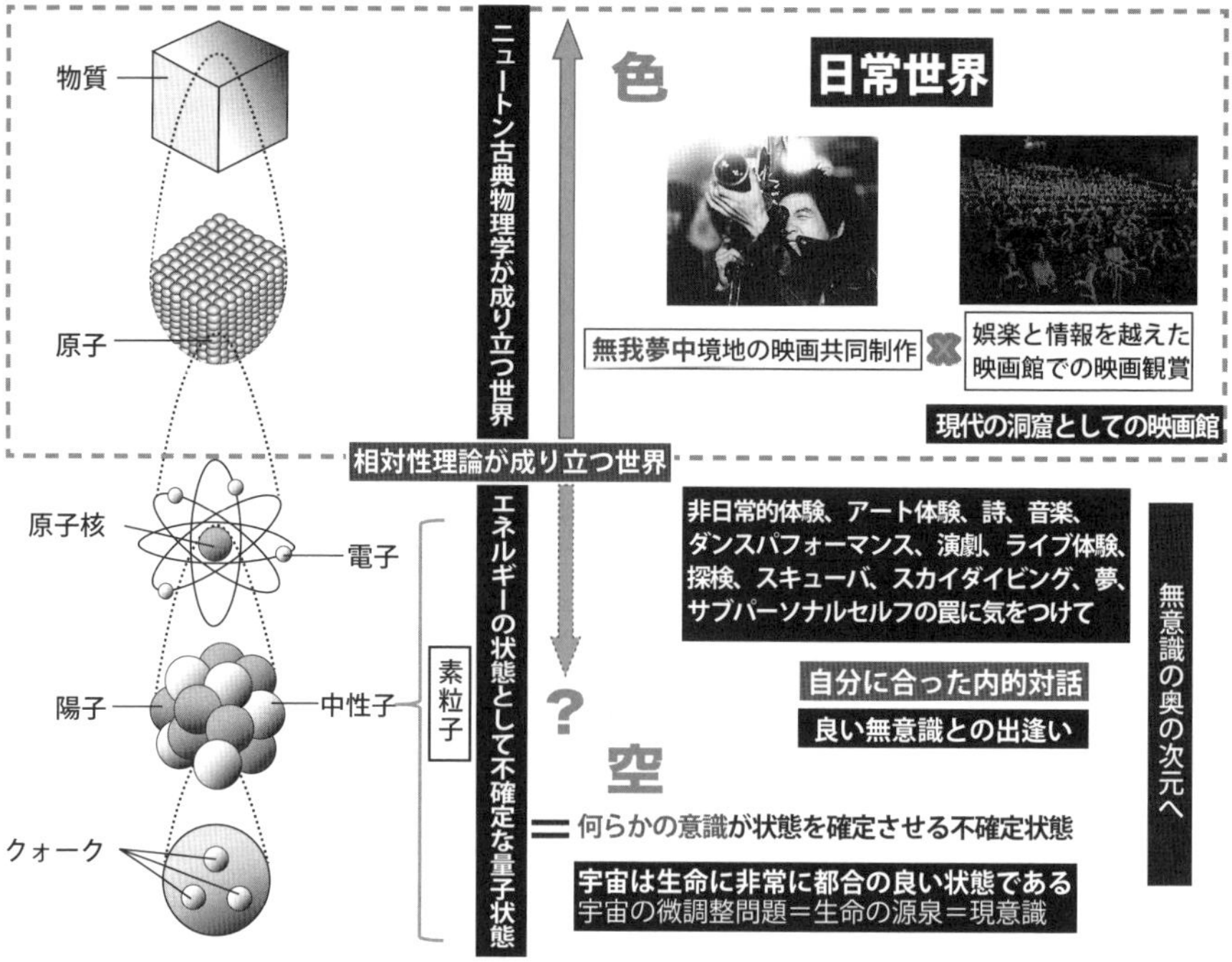

探求し続けました。

デヴィッド・ボーム博士は、この宇宙は二重構造になっているという考え方に到っていました。

我々が直接観察し、経験することができる物質世界、アインシュタインの相対性理論や量子物理学で説明できる宇宙の奥に、「内在秩序」と名付けられた、人間が現実には観測と認知ができない真の実在があり、全ての物質、精神、時間、空間などが流動するエネルギー全体としてそこにたたみ込まれている、そんな絶対的な奥の世界があると見なしたのです。その地点から私たちが認識できる「外在秩序」、つまり私たちが現実と認識しているこの宇宙のすべてが量子物理学的に立ち上がってくる。しかし、人間の間違った思考方法によって、この「外在的な秩序」である現実宇宙は、現在、歪んだ分断の方向、断片化してしまう方向に進められてしまっているという認識です。

この彼の、隠された真の実在である内在秩序が現実の奥にあるというこの思想は、ギリシャ哲学者プラトンの「イデア論」、仏教の「空」、インド哲学の「ブラフマン」、統合心理学の「トランスパーソナルセルフ」の世界観、宇宙のすべての物質や意識の根源は「秘められた実在」であるという考え方とほぼ同じだと思います。ボーム博士が、そもそもがまやかしに基づいている人間の表層的な思考方法を脱して、仏教や心理学や哲学的に言えば、個人の欲、主観である自我や本音である個人欲から離れて、人と人が正しい対話をすることで、正しい意識ゾーン、思考ゾーンに入れるようにと、画期的な人と人の対話法というのを考えて、それをずっと晩年、研究、実践されていたんです。

一人の人間が、他者や自然環境や社会との真の「共生」感覚に目覚めるアイデアに気づき、その行動を起こせるように。

ボーム博士は、自ら、多くの著名な科学者、思想的指導者、ダライ・ラマのような宗教家と対話を続けました。その実践方法を「ダイアローグ」、通常『ボームのダイアローグ』と呼びます。

こういう本が出版されています。現在ではビジネスの分野でも大いに注目を集めていますが、しかし、この「ダイアローグ」という方法は、単に我欲的な利益を伸ばすことだけの為にのみ使用するのであれば、個人的には、正しく活用できないのではないかと思います。

人と人の対立意識を脱し、共生意識を獲得するための、具体的で分かりやすい実践的な方法論を、広く現代人に問いかけた本です。人と人との対話法。グループで、社会で、何か解決できない重要な問題を、なかなかこれは難しいという問題をみんなで話し合う時に重要な対話法です。

私も大学の授業でちょっとさわりだけやらせていただきましたが、私にはとても重要だと感じました。

何かこの問題について話し合おうと決めた時に、参加者全員が自分の意見を言う。その時に重要なのは、何が正しいか、どちらが正しいか、どう決めるかなどの結論を出すための意見交換ではなく、お互いの発言の「意見の違い」を明解に意識して、それを感じ合うことですね。

自分の意見が正しい、相手の意見が正しい、どちらが正しいのかという議論じゃなくて、意見のこの「違い」について参加した全員が感受性を働かせて敏感に感じ合う、それこそが大事なのです。

今みんなでこうやってこの問題について対話しているけれども、自分だけではなく参加している他者の反応を、

ボームのダイアローグを映画創作ワークに応用する試み

デヴィッド・ボーム（1917 年〜1992 年）

理論物理学、哲学、神経心理学、量子力学の世界的権威として知られる。アインシュタインとの交流含め自身の研究がマンハッタン計画と原子爆弾に応用されて以降、アメリカ政府と敵対するようになった。人類と自然の調和、全人類の融和などをテーマとする哲学的思索でも名高い。主著『量子論』『全体性と内蔵秩序』

『ダイアローグ　対立から共生へ』
1990 年

「ボームのダイアログ」とは、何の結論も判断も下すことなく、参加者全員が全員の視点に立つことを目的に、意見の「違い・差異」にそれぞれの焦点と感受性を合わせる、グループの自由な対話。目的は、人びとが社会で直面しているコミュニケーション危機を解決すること。またこれは人類全体の意識の問題を解決することでもある。

私が大学在官中に試みた「グループダイアローグ・ワーク」の対話は、全面的にボーム博士の「ダイアローグ」の方法論を応用。このワークで取り上げる対話テーマは、グループの参加メンバーそれぞれにとって、とても重要で、簡単には解決がつかない、答えが出しにくい、日常生活の会話においては簡単に話題にはできないような話題、私たちがその事について考えると、思考停止になったり、今の自分には考えてもは解決の糸口など見えずどうしようもないこと、自分には何もできないので関係があるとは思えないこと、或いは、答えが見えたいし求めてはいるが簡単には答えがでない、善悪の判断が簡単にはつきそうにない、人それぞれだから話し合ってもしょうがないと思えるような問題こそが向いている。

ちなみに、私が学生との授業でこのワークを試した時に**学生たちが提案してくれた「対話の議題案」**は以下のような問題だった。

「安楽死が何故悪いのか」「自殺が可愛そうとか悪いと思われるのは何故か」

「なぜ人を殺してはいけないのか」「なぜ人は人を助けるのか」

「なぜ人は人を傷つけるのか」「愛とは何ですか？」「友だちとか何か？」

「死刑や終身刑は存在するべきか」「ニートは悪か悪ではないか」

「バーチャルな恋愛はありか無しか」……

表情とか含めて、身体や心にどういうことが起こっているのかというのを感覚としてしっかりと捉える。この起こっている感覚を、感受性を働かせて捉えたら、それを自分で「意味化」してみる、自分自身で。今、この対話をしている私に、私の意識に、そして他の参加者に、参加者の心に、起こっている、発生しているものは何か、と。

この対話をするまでは、存在していなかった、新たに発生した重要な気づき。この方向への感受性の働きを鋭くして、起きている物事やその場の空気を観察して、感じた感覚を、自分の主観や自我、感情を一度手離して、つまり、極めて客観的に、冷静に内的対話をしながら、正しく意味化すること。

そしてこれもとても重要ですが、結論を保留すること、結論を出さないこと。

決して、良いとか、悪いとか、もし怒りの感情が出たとしても、意外だとか当然だとか考えずに、主観では価値判断を決してせずに、決めつけようとする自分の内外で起こる事象を、鏡に映し出すように、冷静な感受性を持って観察し、読み取ること。

これはまさに「外的対話」をしながら、同時に「内的対話」をすることなんですけども、これによって、自ずと、自分も他の参加者も、自然に重要な第三のアイデア、第三の何か新たな、今話している問題についての、解決方法が浮かび上がってくることを読み取る。それが解決だということじゃなくて、そういうことをみんなで感じ合うということ。それぞれの意識、無意識の、自然な変容を図るという場をつくるためにです。

この「ボームのダイアローグ」は、他者たちとある重要なテーマについて対話をすることで、参加した全員が各自の自分の意識の奥に、またそこに集まっている集合体の無意識の奥に、自然に素直に、繊細に注意深く、アクセスしてゆく有効な「外的対話」と「内的対話」の融合的方法論を示します。自己と他者、そしてグループの、集合的な無意識の自発的な発動を促し、大切なアイデアの芽生えを待つことに繋がります。

私たちの生活は、半導体とかレーザー光線とかナノテクノロジー的な医学でも、次期コンピューターでもそうですけど、量子力学に基づいた極小の世界のテクノロジーは、人類の未来を担っています。それは量子力学の世界へ対する知識と応用が必然的に必須です。

ボームの対話：ダイアローグ

差異(違い)に焦点

何が正しい、どちらが正しくない、どう決めるかなど結論を出すための意見交換ではなく、お互いの意見の違いを明確に意識し、繊細に感じ合うための探求の場

感受性を働かせる

対話のこの場で起こっている何か、自分の反応の身心状態他人の反応の身心状態がどうであるかを、感覚でとらえる微妙な違いや似ている点、起こる変化等を感覚でとらえる

感受性を意味(情報)化

この重要な「情報」に気づくよう、この方向へ感受性の働きを鋭くし、起きている物事や場の空気を観察して感じた感覚を、客観的に、自分の「思考のスクリーン（主観や自我）」を一度手放してから、正しく意味化（情報化）する。

＊＝内的対話

決めつけず保留する

意見が思い込みだとしても、悪いとか、怒りが出ても当然のことだとか、決めつけない。主観で価値判断をして決めつけることを自制し、鏡に映し出すように、決めつけようとする自分の内外に生じることを冷静な感受性を発揮して観察し、読み取るようにする

＊耐える力＝ネガティブ・ケイパビリティ

科学的、産業的、社会的に、これからの人類の未来、生活レベルに非常に大きな、重要な要素になってきますので、このことを考えるというのはとても大事だと思うんですね。そして、情報の限りない高速化や拡大化もそうですが、これらの科学や情報の拡張に見合い、釣り合いの取れる、それを扱う人たち、それを利用する個人個人の心、意識、そして、それぞれの心や意識が集まった、広大な無意識世界を、個人と集団が、発達、進化させる取り組みが必須だと私は感じます。

　そして、それを無理して難しく考える必要はなくて、自分がどうしても気になってしまう、今、現在進行形で、日々外界で起こっている重要だと思える動き、変化に対して、眼を開き、耳を澄ませて、そして心の眼や心の耳を開き、澄ませて、何か大事なことを感じとる。どうしてこんなことが世の中で起こっているのか、そしてそれを見聞きした自分の心、意識の奥で、何が起こるのだろうかということを感じ取るだけでいいと思いますが、そういう内的な対話を続ける。感受性を鋭くして、客観的に冷静に自分と外界を見つめること、自分の心を見つめること、見つめることだけで安易な結論を出さないこと。そういう内的な対話というのはとても大事なのではないか。

　例えば、一例として、今、紹介させていただいているような、人類遺産的な偉人が探求の果てに編み出してくれて、実践を通して教えてくれている大切な方法とかを、少しでも自分に合った方法にアレンジして、自分の心を見つめる方法を模索してみてはどうだろうかと、私は自分に言い聞かせ続けています。

表現を鑑賞して、作者とその表現物を媒介して心と心で対話すること、そしてそれは、結局は自分の心と対話

すること、さらに一歩進んで、自分の眠っている無意識とも対話する「内的対話」という方法。私は、それを、知らず知らずのうちに、長い間の映画鑑賞と創作を通して体得していたわけですが、それを改めて真剣に考え始め、そうして近年に至ってとても重要な認識だと確信しました。

そして、表現活動における「内的対話」を通して、それは表現活動だけの問題でなく、日常生活における「対話」の重要性に改めて気づかされ、そしてそれは私個人の人間性改革の問題だけではなく、おおげさにいうと、現在、人間社会が行き詰まって直面している人と人の「分断と共生」の問題、人と環境の「分断と共生」の問題に、ひょっとしたら、重要な示唆や、解決への糸口への重要なインスピレーションをもたらすものではないかとさえ、思えます。

映画はもちろん、第一に娯楽として楽しむものだと私は思っていますが、時には、「内的対話」という考え方も思い出していただいて、映画を鑑賞していただければ、何か、自分にとって、有意義な「気づき」がもたらされたりすることもあるのではないかと思います。

以上で私のお話は終わります。済みません、長々と。この後はまた上映があります。よろしくお願いいたします。

（拍手）

本書は二〇二二年八月二七日、福岡市で開催された「福岡ユネスコ文化講演会」（福岡ユネスコ協会主催、福岡市総合図書館及び映像ホール・シネラ実行委員会共催）をもとに一部補筆したものです。出版化をご承諾いただきました講師の石井岳龍さんに厚く感謝申し上げます。

（一般財団法人福岡ユネスコ協会）

石井岳龍（いしい・がくりゅう）〈旧名　石井聰亙（そうご）〉
一九五七年福岡市生まれ。映画監督。一九七六年、日本大学芸術学部入学直後に８ｍｍ映画デビュー作『高校大パニック』が注目を浴び、長編『狂い咲きサンダーロード』（一九八〇）により日本インディーズ界の旗手と目されるようになる。その後ディレクターズ・カンパニーの設立に参加し、商業映画としては初の単独監督作『逆噴射家族』（一九八四）によりイタリアの第八回サルソ映画祭でグランプリを受賞して海外でも高い評価を受ける。二〇〇六年から二〇二三年まで神戸芸術工科大学教授を務めた。
主な監督作品：『エンジェル・ダスト』（一九九四）『水の中の八月』（一九九五）『ユメノ銀河』（一九九七）『五条霊戦記』（二〇〇〇）『ソレダケ／that' it』（二〇一五）『蜜のあわれ』（二〇一六）『パンク侍、斬られて候』（二〇一八）『自分革命映画闘争』（二〇二三）『箱男』（二〇二四）

FUKUOKA *u* ブックレット㉗

映画創作と内的対話

二〇二四年十一月三〇日発行

著　者　石井岳龍
発行者　小野静男
発行所　株式会社　弦書房
（〒810・0041）
福岡市中央区大名二－二－四三
ELK大名ビル三〇一
電　話　〇九二・七二六・九八八五
ＦＡＸ　〇九二・七二六・九八八六

装丁・毛利一枝
印刷・製本　アロー印刷株式会社

落丁・乱丁の本はお取り替えします

ISBN 978-4-86329-297-0 C0074

「FUKUOKA *U* ブックレット」の発刊にあたって

「転換期」ということばが登場して、もうどれくらい経つでしょうか。しかし、「近代」は暮れなずみながら、なお影を長く伸ばし、来るべき新たな時代の姿は依然として定かではありません。

そんな時代に、ここ福岡の地から小冊子「FUKUOKA　U　ブックレット」を刊行します。

福岡は古くから「文化の十字路」でした。アジア大陸に最も近く、また環東シナ海の要石の位置にあって、さまざまな文化を受け入れる窓口として大きな役割を果たしてきました。近代になっても、アジアとの活発な交流は続き、日本の中で最もアジア的なにおいを宿した都市として知られています。今日ここでは、海陸の風を受けながら、学術や芸術に関わる多彩な活動が繰り広げられていますが、しかしメディアの一極集中のせいで、それは多くの人の耳や目に届いているとは言えません。

「FUKUOKA　U　ブックレット」は、ユネスコ憲章の「文化の広い普及と正義・自由・平和のための人類の教育とは、人間の尊厳に欠くことのできないものである」という理念に共鳴し、一九四八年以来、旺盛な活動を続けている福岡ユネスコ（Unesco）協会の講演会やシンポジウムを中心に、福岡におけるビビッドな文化活動の一端を紹介しようとするものです。

海（Umi）に開かれた地から発信されるこのシリーズが、普遍的（Universal）な文化の理解（Understanding）に役立つことを願ってやみません。

（二〇一二年七月）

◆弦書房の本

◉FUKUOKA *U* ブックレット㉒

中国はどこへ向かうのか

国際関係から読み解く

毛里和子・編著　不可解な中国と、日本はどう対峙していくか。経済的、軍事的に大国への道を進み始めた中国。その歩みの変化を米国、東南アジア、欧州との関係史から見ていく。佐橋亮、田村慶子、林大輔、伊藤亜聖、天児慧

〈Ａ５判・９６頁〉８００円

◉FUKUOKA *U* ブックレット㉓

アジア経済はどこに向かうか

コロナ危機と米中対立の中で

末廣昭／伊藤亜聖　一帯一路政策を進める中国は、コロナ禍におけるワクチン外交も積極的に行った。いま、中国はアジアの国々でどうとらえられているのか。米国との対立はどう変わったのか。日本はこの変化についていけるのか。

〈Ａ５判・８０頁〉８００円

◉FUKUOKA *U* ブックレット㉕

アジアの未来を描き直す

インドからの発言

アシシュ・ナンディ／藤原帰一　多様性あふれるインドからの鋭い問い。「国民国家」とは自明のものか——。「打ち負かされた正義」が残されているアジアは、行き過ぎたナショナリズムや排外主義に抵抗する独特なビジョンを生み出せるか。

〈Ａ５判・６４頁〉７００円

日韓メモリー・ウォーズ

私たちは何を忘れてきたか

朴裕河／上野千鶴子／金成／水野俊平　ずれとゆがみの根源へ——日韓に横たわる認知ギャップを探る。朴裕河（パク・ユハ）氏らが時代により揺れ動いてきた日韓関係を政治、文化、メディア、インターネットなどのキーワードで読み解く。

〈四六判・１６０頁〉１７００円

アジアの文化は越境する

映画・文学・美術

四方田犬彦［編著］　「お化け」はアジア独自の財産？　ヨーロッパの枠組みでは表現できない怪奇映画、現代文学、現代美術についてその独自性と類似性を縦横に語り合い、アジアは常に千のアジアとして多様な形態で存在することを示す。

〈四六判・１６８頁〉１７００円

＊表示価格は税別